中国苹果进口贸易研究

■ 孙佳佳 / 著

中国农业出版社

北　京

图书在版编目（CIP）数据

中国苹果进口贸易研究 / 孙佳佳著. —北京：中
国农业出版社，2022.11
　　ISBN 978-7-109-29873-6

　　Ⅰ.①中…　Ⅱ.①孙…　Ⅲ.①苹果—进口贸易—研究
—中国　Ⅳ.①F752.652.3

中国版本图书馆 CIP 数据核字（2022）第 153533 号

中国苹果进口贸易研究

ZHONGGUO PINGGUO JINKOU MAOYI YANJIU

中国农业出版社出版
地址：北京市朝阳区麦子店街 18 号楼
邮编：100125
责任编辑：王秀田　　文字编辑：张楚翘
版式设计：杨　婧　　责任校对：吴丽婷
印刷：北京中兴印刷有限公司
版次：2022 年 11 月第 1 版
印次：2022 年 11 月北京第 1 次印刷
发行：新华书店北京发行所
开本：700mm×1000mm　1/16
印张：11.75
字数：210 千字
定价：78.00 元

本书得到以下项目的资助：

项目名称：陕西省教育厅人文社科专项项目"基于细分市场的陕西省高价值农产品消费行为研究"（20Jk0189）；
西安工业大学校长基金项目（XAJDXJJ17016）；
2020年度陕西高校青年创新团队——"兵器工业'产业链＋创新链'融合研究创新团队"。

前　言

　　苹果由于营养价值高、耐贮性好、供应周期长等商品特征，以及其生态适应性强、全球分布广、生产技术成熟等产业属性，是世界主要苹果生产国农业产业体系的重要组成部分。苹果产销在中国高价值农产品中占有重要地位，渤海湾优势区和黄土高原优势区的苹果生产、储存、加工、运销等环节已经成为苹果生产经营者增加收入的重要来源。2020 年，中国苹果种植面积达到 194.25 万公顷，产量达到 4 100.50 万吨，年产值 1 827.92 亿元（《中国农村统计年鉴》，2021）。2001 年以来，中国苹果及果汁出口贸易呈平稳增长态势，并成为推动苹果产业扩张的重要动力。2007—2012 年中国苹果出口量累计达到 647.84 万吨，占到世界出口量的 24% 左右，6 年累计创汇 46.29 亿美元。然而在中国苹果栽培面积持续扩张、市场供应量稳定增长的同时，苹果进口却以更快的速度增长。1992—2020 年中国年均苹果进口量由 0.067 万吨增长到 7.57 万吨，进口金额也由 70.95 万美元增长到 13 850.20 万美元。特别是 2006—2020 年，中国苹果的年均进口量和进口金额的增长速度分别达到 21.26% 和 32.15%，进口量增长速度超出同期出口量增长速度 2.30 倍，进口金额增长速度较出口金额增长速度高 30% 左右（联合国贸易数据库，1992—2021）。

　　长期以来，中国主要依赖生产规模的扩大和要素投入的增加推动苹果产量增长，但随着要素趋于相对稀缺和要素价格上涨，传统

　　＊本书在作者博士论文基础上修改而成，由于书中数据统计分析部分使用的数据为读博期间课题组购买的数据，目前更新难度较大，但不影响书中的趋势分析，因此书中相关数据未做更新。

粗放型的积累模式越来越不适合发展的需要。而中国苹果进口主要以高端市场为目标市场。因此，研究中国苹果进口贸易的特征和演变趋势，有利于在深入了解世界苹果产业比较优势的变化格局基础上，围绕中国苹果产业长期发展战略转型，探索促进中国苹果产业发展由要素投入导向型向管理及技术投入导向型的转型升级，从而为提高苹果产业的生产效率、产品质量、品牌影响提供理论支持。同时，在比较国产苹果与进口苹果差异性的基础上，评估和分析国产苹果在中国不同等级市场的比较优势，为国家完善苹果进口贸易政策提供支持。

因此，研究中国苹果进口贸易的特征和演变趋势，并探索国产苹果与进口苹果之间的比较优势变化格局，制定提高果园生产效率和苹果质量的中国苹果产业长期发展战略，对促进中国苹果产业从要素依赖型发展模式转向管理和技术依赖型发展模式，以及提高国产苹果的竞争力，具有重要理论和现实意义。

本书在借鉴国内外农产品贸易研究成果的基础上，应用国际贸易竞争优势理论、进口需求理论、消费者行为理论和市场细分理论，建立中国苹果进口贸易分析的理论框架，分析中国苹果进口贸易特征；探讨中国苹果进口快速增长的原因及国内外影响因素；测算中国消费者对源自智利、美国、新西兰和日本的苹果的支出弹性、需求价格弹性，揭示中国进口苹果需求规律和特征；探究中国消费者总体和细分市场进口苹果消费行为及其影响因素。同时，围绕提高中国苹果产业竞争力，提出相关对策与建议。

基于以上分析，本书的主要研究内容规划为以下几个方面：

（1）理论分析。通过分析苹果和中国苹果进口贸易的概念、内涵及中国苹果进口贸易的特征，详细论述本书研究所涉及的竞争优势理论、进口需求理论、消费者行为理论和市场细分理论等贸易经济理论，为分析近20年中国苹果进口贸易产生并快速增长的原因及其演变规律、国内进口苹果消费行为特征及影响因素以及细分市场中国进口苹果消费行为和特征提供理论基础。

（2）中国进口苹果贸易特征分析。首先运用统计描述方法分析中国苹果进口规模、进口价格、进口季节特征，并用季节分解模型对中国苹果进口数据进行趋势分解，揭示中国苹果进口数量和金额的变化规律，并预测未来中国苹果进口贸易发展趋势和进口潜力；其次在对中国苹果进口来源地总体时序变动和国内流向结构分析的基础上，对中国苹果市场集中度和市场波动同步性进行检验；最后对中国苹果进口市场准入特征进行分析。

（3）从中观需求和微观消费层面研究中国苹果进口贸易增长的内在影响机制。测算苹果进口发展的不同时期进口结构、进口引力及中国进口引力变化和世界苹果进口需求变化的交互作用对中国苹果进口增长变化的贡献程度，为后文苹果进口需求和国内消费者的消费行为研究奠定基础；基于中国进口苹果和国产苹果市场差异化视角，利用中国进口苹果主要来源国智利、美国、新西兰、日本的苹果贸易数据，运用似然比检验和差异化需求系统模型方法，估计中国苹果进口支出弹性和价格弹性，分析中国苹果进口需求特征；从消费的视角，运用结构方程模型，确定消费者对进口苹果消费行为的影响因素，并在进口苹果市场进行细分基础上，结合中国消费者的社会、心理特征，围绕不同需求和偏好的消费群体或组织，分析不同消费者群体的心理特征与行为，探索国产苹果和进口苹果、不同来源国的进口苹果之间的比较优势，揭示进口苹果变化趋势及其对中国苹果产业发展的影响。

本书的主要结论为：

（1）通过分析中国苹果进口贸易特征发现，中国苹果进口数量呈非线性增长态势，进口金额呈高速线性增长态势，进口金额的增长率高于进口数量的增长率。除2001—2002年中国实际苹果进口规模高于潜在进口规模之外，其余年份中国实际苹果进口规模均低于潜在进口规模，未来中国苹果进口贸易仍存在增长空间。

中国苹果进口市场集中度高，1992—2012 年中国苹果进口市场集中指数（CI）均超过 95.00％，国内苹果进口赫芬达尔指数（HHI）均值达 0.42；源自智利和美国的苹果进口量和进口单价的波动规律与中国苹果进口总量和单价的波动规律基本吻合，日本的苹果进口量和单价波动规律与中国苹果进口总量和单价的波动规律相差较大，日本进口量的变动是由于价格的变化而不是其出口策略适应了中国的苹果市场结构。总体来看，中国苹果进口的关税壁垒降低，但非关税壁垒的影响逐渐增强。

（2）通过分析中国苹果进口快速增长的国内外影响因素发现，中国苹果进口贸易增长主要受世界经济、国内经济、进口市场结构以及三种因素的交互影响。其中，除衰退期（2004—2006 年）之外，在低位徘徊期（1992—1998 年）、起步增长期（1998—2004 年）和快速增长期（2006—2011 年），引力效果值均为正，且贡献率达到 90％以上。说明，国内市场需求和消费因素是导致中国苹果进口持续快速增长的最主要因素。

（3）对中国消费者对源自智利、美国、新西兰和日本的苹果的需求规律和特征的研究表明，通过运用四维价格敏感度模型确定进口苹果市场为中国的高端苹果市场，且产品差异化分析表明国产苹果和进口苹果不存在替代关系；消费者对源自智利、美国、新西兰、日本的苹果的支出弹性均为正，其中对源自美国的苹果的支出缺乏弹性，即中国消费者对进口苹果需求的支出变化对美国苹果进口的影响不显著；对源自日本的苹果支出富有弹性，弹性值达 5.49，即在其他条件不变的前提下，消费者对进口苹果需求的支出弹性增加 1.00％，会导致日本苹果进口增加 549.00％；对源自智利和新西兰苹果需求的收入支出弹性接近 1。智利、美国和新西兰苹果的自价格弹性影响显著，日本苹果的自价格影响不显著；日本和新西兰苹果与美国苹果间存在替代关系，而日本和新西兰苹果与智利苹果间存在互补关系。同时发现，中国苹果进口存在季节性差异。

（4）对中国消费者进口苹果消费行为及其影响因素研究结果表明，价格因素显著负向影响中国消费者对进口苹果消费评估及其消费行为。表明，进口苹果在中国国内市场上并不具有价格优势，国产苹果存在替代进口苹果的战略机遇。即只要国产高端苹果具备低成本、低价格的优势，国内涉果企业就可运用价格策略，与进口苹果开展有效竞争，并有效保护国内苹果市场及渤海湾优势区、黄土高原优势区的高端、优势、特色苹果产业的发展。进口苹果自身属性、质量安全因素、广告效应正向影响消费者的进口苹果消费评估；进口苹果自身属性、质量安全因素和进口苹果消费评估显著正向影响消费者的进口苹果消费行为，而且除了全球苹果生产、上市的季节性差异外，中国消费者对进口苹果具有消费偏好，包括质量偏好、风味偏好、信用偏好、时尚偏好。同时，中国消费者的消费偏好是推动进口苹果需求及市场快速成长的主要动力，并拉动中国苹果进口量和进口金额高速增长。

（5）以消费者人口统计特征和消费国别偏好为市场细分基础，研究不同消费群体对进口苹果消费行为及其影响因素。研究表明，细分市场消费群体的消费偏好存在显著差异，进口苹果满足了细分市场和高端市场中的消费者消费偏好多样化的需求。具体来看，男性和女性都比较关注价格因素；女性比男性更加关注进口苹果的自身属性；男性比女性则更加关注广告效应和质量安全因素；男性对进口苹果消费的评估结果转化为消费行为的效果显著。当进口苹果的产品推广和品牌知名度提高时，能够促进低收入消费群体消费需求转变为进口苹果购买力；当中等收入群体的消费者对进口苹果质量安全认知水平提高时，将消费评估转化为实际购买行为的可能性就越大；当高收入消费群体对进口苹果自身属性和质量安全信任度提高时，能够显著提高其评估水平和购买行为，而且由于该群体的购买力较强，对进口苹果的实际需求也更多。此外，美国、智利苹果相对于日本、新西兰苹果在中国苹果市场具有价格比较优势；美国苹果比其他国家或地区的苹果在中国市场具有品牌优势；日本和新西兰苹果的自身属性比美国和智利具有更强比较优势。

通过以上分析，提出本书的对策建议。主要包括：实施苹果标准化生产，提高果品质量；注重苹果消费者的消费偏好，实施差异化营销战略；发挥行业组织作用，加强苹果市场信息体系建设；以中央和主产区地方政府为主导，统筹加强苹果流通体系建设；充分利用 WTO 规则，积极参与 WTO 事务，突破技术性贸易壁垒，扩大国际市场，改善中国苹果贸易条件。

最后，由于编者水平有限，错误和不当之处在所难免，敬请读者和同行学者、专家批评指正。

目　　录

第1章 导 论

1.1 研究背景

　　苹果由于营养价值高、耐贮性好、供应周期长等商品特征，以及其生态适应性强、全球分布广、生产技术成熟等产业属性，是世界主要苹果生产国农业产业体系的重要组成部分。苹果产销在中国高价值农产品中占有重要地位，渤海湾优势区和黄土高原优势区的苹果生产、储存、加工、运销等环节已经成为苹果生产经营者增加收入的重要来源。2011 年中国苹果种植面积达到 217.73 万公顷，约占世界苹果总种植面积的 42.00%，总产量达到 3 598.50 万吨，约占世界总产量的 54.21%，年产值达 1 605.17 亿元（《中国农村统计年鉴》，2012）。近年来，苹果出口快速增长，逐渐成为苹果主产区增加收入的重要途径。据联合国贸易数据库统计数据测算，2007—2012 年中国苹果出口量累计达到 647.84 万吨，占世界出口量的 24% 左右，6 年累计创汇 46.29 亿美元。此外，苹果产业的劳动密集型特点也能够为主产区创造丰富的劳动力就业机会，增加收入①。

　　虽然理论界和政府认为中国苹果产业总体发展势头良好，但由于受到全球金融危机及通货膨胀的影响，作为劳动密集型的苹果产业正面临丧失低成本竞争优势的发展困境（杨军等，2012）。部分学者认为由于各种生产要素价格的不断上涨，中国具有绝对优势的苹果产业在全球化背景下受到影响（刘晓光等，2006）。在贸易方面的突出表现是，在中国栽培面积快速扩张、市场供应量高速增长的同时，苹果进口量和进口金额却以更快的速度增长。据联合国贸易数据库统计数据测算，1992—2012 年中国苹果年均进口量由 0.067 万吨增长到 6.15 万吨，进口金额也由 70.95 万美元增长到 9 234.20 万美元。特别是 2006—2010 年，年均进口量和进口金额的增长速度分别达到 21.26% 和

---

　　① 按每公顷苹果投入 1 007 个工（国家发展和改革委员会，1995）计算，一个就业机会 210 个工计算，213.10 万公顷苹果的生产就相当于为农村提供约 1 120 万个就业机会。

32.15%，进口量增长速度超出同期出口量增长速度 2.30 倍，进口金额增长速度较出口金额增长速度高 30% 左右。

尽管中国苹果产量、出口均居世界首位，年均进口数量占国内苹果产量的比重仅为 0.20%，但进口量持续、高速增长的趋势值得理论界、决策者关注。特别是在中国苹果生产成本、物流成本持续上升的产业发展背景下，苹果进口量持续、高速增长的趋势，应该是中国苹果产业转型、升级过程中值得理论界研究的重要贸易经济问题。

1.1.1 消费结构升级可能导致苹果进口增加

中国苹果消费量[①]由 2000 年的 1 916 万吨增长到 2009 年的 2 686 万吨，年均增长速度 3.83%。与 2008 年相比，2009 年苹果消费增长 294 万吨，增幅高达 12.31%，人均消费量达到 20.29 千克/年。随着消费量的增加，苹果消费逐步呈现多样化、高档化的特点（王怡等，2008）。据国家现代苹果产业技术体系产业经济研究室调查预测，2010—2015 年国内苹果年均需求量为 2 800 万吨左右，其中，高端市场需求量约为 350 万吨，主要是年均收入大于 5 万元的消费者以及行政和事业单位科级及以上官员、公司中层管理人员；中高端市场需求量约为 600 万吨，主要是年均收入 2 万～5 万元的以城镇居民为主的消费者。高端和中高端的消费需求将占到苹果总需求的 33.9%。而国内的苹果以中端和低端市场为主，不能满足日益增加的高端需求。2000—2010 年中国从美国、智利、新西兰和日本的进口量达到总进口量的 98%，从美国、智利、新西兰进口的平均价格为 0.75 美元/千克，从日本进口的苹果平均价格高达 4.96 美元/千克，而国内苹果的平均价格仅为 0.43 美元/千克。中国进口苹果主要满足中高端和高端市场需求。随着居民收入的增加，在可预见的将来中高端和高端市场的需求仍将扩大，进口仍会增加。

1.1.2 种植结构不合理可能导致苹果进口增加

中国的苹果品种结构相对集中，主要是以富士为主。长期以来苹果市场形成"早熟奇缺、中熟不足、晚熟过剩"的苹果供给结构，而在晚熟品种中以富士最具代表性（赵政阳，2008）。富士作为我国第一大主栽品种，栽培比例占到了 70%，其余 4 大主栽品种即元帅系、嘎拉、金冠、秦冠等栽培比例总和

---

① 这里是指鲜食苹果消费。

不到 20%，国光和其他老品种所占比例更小（木生和田琳，2012）。在苹果消费由季节性消费向常年性消费转变的阶段，现行的苹果品种结构决定了我国苹果市场存在旺季"集中供应"、淡季"供给不足"等问题。由于苹果多年生的特性，消费结构的变化对调整和优化种植品种的影响具有滞后效应。因此，苹果品种结构不合理导致的苹果供给结构与市场需求结构差异，可能是诱导苹果进口增长的重要原因。

1.1.3　生产成本上升可能导致苹果进口增加

苹果生产成本主要由人工成本、物质成本以及服务费用构成。随着国民经济发展，农业要素价格普遍、持续上涨，尤其是劳动力工资、建园成本及果园运行过程中的物质投入要素价格、果园经营管理过程中的服务费用普遍、持续上涨，导致我国苹果生产及经营者面临成本推进型涨价压力。1991—2009 年苹果生产环节的人工成本和物质成本都在波动中呈现增长趋势，2005—2009 年的增长尤为明显，以 2005 年为基期（2005＝100），其中人工成本从每公顷 0.91 万元增加到 1.83 万元，增长了 1.01 倍；物质成本与服务费用从每公顷 0.84 万元增加到每公顷 2.24 万元，涨幅高达 1.67 倍；苹果生产总成本由每公顷 1.75 万元增长到 4.06 万元，增长了 1.32 倍（《中国农村统计年鉴》，2012）。随着工业化、城市化的快速推进，大批农民进城务工和大量农村土地被占用，导致苹果种植区劳动力和土地资源的稀缺，劳动力工资和土地租金上涨。与此同时，国际石油、煤炭等资源类产品价格的上升也导致我国农用柴油、化肥、农药等农资产品价格涨幅较大，要素价格的上升导致我国苹果生产成本增加，成本收益波动，甚至下降（单菁菁，2011）。同时，由要素价格上升导致的成本推进型价格上涨仍将持续，然而中国现有的苹果生产技术和管理水平不能通过提高苹果生产效率、突破苹果标准壁垒及实现规模经济来补偿成本、价格上升的消极影响，从而导致苹果生产比较优势下降，苹果进口增加。

1.1.4　苹果进口快速增长是值得研究的重要科学问题

近几年，随着中国苹果进口量持续快速的增长，苹果进口贸易逐渐受到理论界的的关注。而国内外关于苹果进口贸易的理论研究主要集中于比较优势理论，即建立在自然地域分工规律基础上的自然资源优势理论，建立在劳动地域分工基础上的生产比较优势理论和建立在区位理论基础上的专业化布局理论。

这三种理论是苹果产业资源禀赋比较优势、生产比较优势、区域比较优势和贸易比较优势确立的基础，是目前国内外研究中分析苹果比较优势的主要理论支撑。然而在苹果进口呈现季节化、高端化的前提下，伴随着国内生产成本上升，消费结构升级和消费偏好多样化，对中国苹果产业与主要进口来源地之间比较优势的研究是否仍然仅局限于资源禀赋、生产和区域的比较优势？进口苹果的结构性比较优势和竞争优势是否存在？国内需求和消费对苹果进口增长的内在影响机制如何？以及进口苹果对中国苹果产业发展的影响机制如何？这些问题都迫切需要进行系统的理论分析和实证检验。同时，在政策层面上，分析国产和进口苹果以及主要进口来源地苹果在中国苹果市场的竞争关系，对中国制定差别化的贸易政策有重要的理论指导意义。

综上所述，苹果进口贸易快速增长及其对中国苹果市场、苹果产业发展的可能冲击，是值得研究的重要科学问题。

1.2　研究目的和意义

1.2.1　研究目的

本书以中国苹果进口贸易为研究对象，以竞争优势理论和消费行为理论为指导，着眼世界苹果市场变化局势和中国苹果市场细分变化格局，探究中国苹果进口贸易变化的总体规律、结构特征，进而揭示中国苹果产业转型、升级过程中进口贸易变化对中国苹果市场的深层次影响，评价中国苹果产业应对进口影响的竞争能力。

具体研究目的规划为四个方面：

（1）通过近 20 年中国苹果进口贸易变化的统计性分析，掌握苹果进口贸易演变的趋势特征（进口规模、进口价格、进口季节特征）和市场结构特征（进口来源结构和国内流向结构），揭示中国苹果进口贸易变化的规律与趋势。

（2）运用贸易竞争优势理论、消费行为理论，揭示中国苹果进口贸易增长机制，设计中国苹果进口增长与波动及其影响因素、影响程度的理论模型，中国苹果进口需求的理论模型，中国进口苹果消费者的整体消费行为特征及其影响因素，以及细分市场消费者的消费行为特征及其影响因素的理论模型，建立支持开展中国苹果进口贸易研究的理论体系。

（3）建立支持开展中国苹果进口贸易研究的方法。从宏观视角，借鉴恒定市场份额模型原理，分析中国苹果进口增长和波动的机理；运用需求系统模型，测算中国高端苹果的进口收入需求弹性和价格弹性，掌握主要来源国的进口苹果在中国苹果市场的竞争优势，预测中国苹果的进口未来发展趋势。从消费视角，运用结构方程模型，分析和验证中国消费者的进口苹果消费行为影响因素及影响方向和程度，掌握不同消费者群体的消费行为特征，把握国产苹果与进口苹果、国产苹果与不同来源国的进口苹果之间的比较优势，揭示进口苹果变化趋势及其对中国苹果市场及苹果产业发展的影响。

（4）在明确苹果进口对中国苹果产业发展的影响及中国苹果产业发展战略分析基础上，围绕建设现代化栽培技术体系，推进标准化生产和品牌化管理，加强产后处理能力，以及在完善苹果进口贸易管理与调控方案等方面，提出具有针对性的对策与建议。

1.2.2 研究意义

苹果生产过程中的要素价格和劳动成本上涨以及国内消费者苹果消费结构升级和消费偏好的多样性发展，均导致中国苹果进口量快速增长，使得中国原本具有比较优势的典型劳动密集型农产品苹果的比较优势下降。因此，以要素禀赋理论、区位和布局理论为基础，从产品差异化、消费行为及国内需求视角，分析国产苹果和进口苹果的比较优势，评估中国苹果进口贸易发展的趋势及其影响，具有重要的理论和现实意义。

1.2.2.1 理论意义

（1）本书从苹果品种、质量、消费者消费动机及目的、价格等方面，分析进口苹果和国产苹果之间的差异，确定进口苹果在中国苹果市场的位置。分析国产苹果和进口苹果之间以及中国主要苹果进口来源地之间的比较优势，为揭示中国苹果进口量快速增长的内在机理、解释其中的原因奠定理论基础。

（2）依据市场营销学中消费行为和市场细分的原理，以消费者性别、年龄、受教育程度、家庭是否有未成年人等为人口统计变量，以消费者进口苹果国别偏好为市场细分变量，将中国进口苹果市场划分为不同的细分市场，解读国产苹果和进口苹果、不同来源国进口苹果在中国苹果市场上的比较优势，研究社会、文化和个人心理因素对不同细分市场消费群体进口苹果消费行为的影响，并完善中国进口苹果消费行为和市场细分理论。

1.2.2.2 现实意义

（1）长期以来，中国主要依赖生产规模的扩大和要素投入的增加推动苹果产量增长，但随着要素趋于相对稀缺和要素价格上涨，传统粗放型的积累模式越来越不适合发展的需要。而中国苹果进口主要以高端市场为目标市场。因此，研究中国苹果进口贸易的特征和演变趋势，有利于在深入了解世界苹果产业比较优势的变化格局基础上，围绕中国苹果产业长期发展战略转型，探索促进中国苹果产业发展由要素投入导向型向管理及技术投入导向型转型升级，从而为提高苹果产业的生产效率、产品质量、品牌影响提供理论支持。

（2）在比较国产苹果与进口苹果差异性的基础上，评估和分析国产苹果在中国不同等级市场的比较优势，为国家完善苹果进口贸易政策提供支持。

1.3 国内外研究动态述评

1.3.1 农产品进口需求研究

国内外关于农产品进口需求方面的研究，主要运用消费者需求的支出弹性和价格弹性方法，通过进行敏感性进口商品的区分、商品贸易流向预测、不同国家产品间的替代关系分析、进口结构调整、福利变动及关税贸易政策分析，从调整和完善国内外农产品生产与贸易政策方面提出建议。国外农产品进口需求研究的地域和品种覆盖范围较广，涉及美国、欧盟、日本、加拿大等国家和地区的小麦及麦芽产品、花生及其加工产品、奶制品、肉禽类产品、红酒产品、果蔬产品等。Satyanarayana 等（1999）运用线性近似理想需求系统模型（LAIDS）对日本、巴西、菲律宾和委内瑞拉四个主要麦芽进口国对欧盟和加拿大麦芽的需求弹性和替代弹性进行分析。结果表明，四个进口国对欧盟的麦芽支出弹性高于加拿大，且在进口国市场上欧盟麦芽与加拿大麦芽具有较低的替代性。Zhang 等（1994）运用鹿特丹模型分析日本对中国、美国和其他国家或地区生花生及其加工产品的进口需求，结果表明，日本生花生进口预算增加时，受益最大的国家是中国；日本花生产品进口预算增加时，受益最大的国家是美国。Yang 和 Koo（1994）运用 AIDS 模型测算日本进口美国、加拿大、澳大利亚等国家以及中国台湾地区的肉类需求支出弹性和价格弹性，结果表明，日本消费者每增加 1% 的进口肉类消费预算，将使美国牛肉的支出份额增加 1.8%、中国台湾猪肉的支出份额增加 1.9%、泰国禽类支出份额增加 2.13%，且美国与加拿大和中国台湾的猪肉存在替代关系。Seale 等（2003）运用 AIDS 模型估计美国消费者对国产和进口意大利、法国、西班牙、澳大利亚和智利红酒的需求支出弹性和价格弹性，结果表明，当消费者增加红酒消费预算时，美国国产红酒生产者获益大于任何红酒进口国，且价格弹性结果表明美国红酒生产者能够通过降低价格以提高收益，而意大利和法国红酒生产者能够通过提高价格增加收益。Schmitz 和 Wahl（1998）运用系统分析的方法分析日本小麦进口需求分配情况。Ramirez 等（2003）运用 AIDS 模型测算了墨西哥干酪进口的自价格和交叉价格弹性，以判断美国和其他进口来源地在墨西哥干酪市场的相对地位。Ali（2007）运用需求系统模型分析了美国和欧盟的新鲜番茄进口需求弹性。

其中，针对水果和果汁行业的研究主要集中于分析日本、美国、加拿大的鲜果及果汁的进口需求，研究结论证明水果进口有利于优化品种和贸易结构，调整本国的进口贸易政策和进口国别结构，并且通过增加水果产品进口能够促进本国社会福利的改善。Seale 等（1992）运用鹿特丹模型研究美国四个主要鲜苹果出口经济体加拿大、中国香港、新加坡和英国的进口需求，结果表明，如果四个经济体消费者增加进口苹果消费预算则有利于美国出口增加，中国香港、新加坡和英国的消费者支出富有弹性，而加拿大的消费支出缺乏弹性，且美国苹果价格相对于其他经济体苹果价格来说富有弹性。Lee 等（1992）运用嵌套的需求系统模型分析 1960—1987 年加拿大鲜水果和果汁的进口需求，结果显示，加拿大消费者对进口水果和果汁预算份额的增加有利于橘子和苹果需求增加，且橘子和葡萄柚与苹果之间存在替代性关系，即苹果价格上升 1% 将会导致柑橘类水果的进口增加 0.55%。Schmitz 和 Seale（2002）采用 1971—1997 年日本进口美国水果数据，运用一般需求模型及其嵌套的四种模型估计日本对美国香蕉、葡萄柚、柑橘、柠檬、菠萝和葡萄的进口需求弹性，结果显示，日本消费者对香蕉、柑橘、柠檬和菠萝的消费支出富有弹性，且价格弹性结果显示柑橘与葡萄柚和柠檬之间、香蕉和葡萄柚之间存在替代关系。Feleke 等（2009）运用鹿特丹模型估计日本橙汁、苹果汁、菠萝汁和其他柑橘属类果汁的进口支出弹性和价格弹性，结果显示，日本对巴西橙汁的进口需求支出弹性最高；美国橙汁、菲律宾菠萝汁和意大利其他柑橘属类果汁的自价格富有弹性；对中国苹果汁的进口需求支出弹性和价格弹性分别为 0.43 和 −0.47，美国葡萄汁和以色列其他柑橘属类果汁与中国苹果汁之间存在替代关系。Nzaku 和 Houston（2012）通过研究美国对香蕉、菠萝、鳄梨、木瓜、芒果、葡萄及其他鲜水果的进口需求发现，美国消费者对进口香蕉、菠萝、葡萄和其他鲜水果的支出缺乏弹性，对进口木瓜和芒果的支出富有弹性，且进口水果和国产水果之间具有互补关系。Atkin 和 BLADFORD（1982）运用一阶马尔科夫模型分析 1963—1979 年英国苹果进口市场结构变化，结果表明，欧共体的建立使法国苹果在英国的市场份额增加 26％，而使澳大利亚和南非的市场份额分别缩减 18％和 10％。Torres（1996）估算了德国从不同地区进口柑橘类水果的价格弹性，结果显示价格是影响进口需求的主要因素。Andayani 和 Tilley（1997）分析了印度尼西亚的苹果、柑橘、葡萄和其他水果对不同来源地的进口需求。James 等（2005）运用需求系统模型分析了日本苹果、香蕉、葡萄柚、橘子和柠檬五种水果的需求弹性。Nzaku（2009）运用 AIDS 模型分析了美国进口不同国家热带水果和蔬菜的需求弹性，同时他指出季节性因素是影响美国进口热带水果和蔬菜的主要因素。

国内有关农产品进口需求的文献主要集中于粮食、油料作物等大宗农产品。黄季琨等（1995）和李锐等（2004）分别运用两阶段需求系统模型和Federico 发展的 AIDS 预算份额模型，微观计量分析了消费者自身特征变量对农户粮食消费需求及各类消费品的影响。王云锋和王秀清（2006）利用 AIDS模型，对中国蜂蜜在日本市场的收入弹性、自价格弹性和交叉价格弹性进行估计。刘亚钊和王秀清（2007）通过分析日本生鲜蔬菜进口市场的需求弹性，探讨中国生鲜蔬菜在日本市场上的贸易地位和竞争策略。高颖和田维明（2007）、陈永福（2007）、赵丽佳（2009）等利用 AIDS 模型估算了我国主要植物油产品的进口来源地需求弹性，分析不同国家的不同植物油产品在我国的竞争行为，从而判断这些产品的进口市场格局。

此外，还有部分学者运用 Armington 模型分析农产品的进口需求。Ogundeji 等（2010）构建 Armington 模型运用 1995—2006 年的季度进口数据对南非玉米、大豆、冷冻牛肉、鲜牛肉的进口替代弹性进行估计，结果显示：长期内大豆和冷冻牛肉比玉米和鲜牛肉富有弹性，短期内鲜牛肉比玉米和冷冻牛肉富有弹性。Kawashima 和 Sari（2010）从两个方面研究日本的牛肉需求：即替代弹性和来源国偏好。结果显示：由于疯牛病等因素的影响，来源国偏好比相对价格更成为人们关注的因素。Khoso 等（2011）构建了 Armington 模型分析巴基斯坦不同消费品不同进口来源地的替代弹性，进而将其引入一般均衡模型中分析南亚自由贸易区对巴基斯坦社会福利的影响。Sauquet 等（2011）使用 Armington 模型分析了法国林产品的进口替代弹性，改进了原来分析的法国林产品进口中所有产品具有同质性的假设。赵丽佳（2008）选取我国 1991—2005 年的油料进口数据，测算了其 Armington 替代弹性和进口福利波动值。指出重视发展国内生产数量和品质，掌握进口定价权，以降低进口对国内生产和福利水平的影响。

综上所述，需求系统模型理论和 Armington 模型理论是目前国内外农产品进口需求研究的两种主要分析框架，前者用于分析国产和进口农产品之间的差异性，不能完全替代农产品的进口需求，而后者主要用于分析国产和进口农产品之间能够完全替代的农产品的进口需求。不同的假设前提和研究思路，为本书开展以弹性分析为载体，从中观需求视角，开展农产品需求方面的研究提供了重要的理论和方法支撑。

1.3.2　农产品贸易影响因素研究

国内外关于农产品贸易影响因素方面的研究思路、研究方法较为成熟，主要包括贸易引力模型和恒定市场份额模型。贸易引力模型最先由 Tinbergen（1962）和 Poyhonen（1963）提出，即两国双边贸易流量的规模与两国的经济总量成正比，而与两国之间的物理距离成反比。此后 Linnemann（1966）在原有的贸易流量计量模型中引入优惠贸易协定变量，考察区域经济一体化对两国贸易的影响。20 世纪 90 年代以来，贸易引力模型的理论含义和应用范围得到广泛和深入的探索（Brainard，1997；Rose，2000；Baier and Bergstrand，2001；Siliverstovs et al.，2007）。国内外运用贸易引力模型分析果蔬产品的文献主要侧重于分析蔬果类产品的贸易潜力、中国与区域经济一体化国家农产品双边贸易的影响因素及技术性贸易壁垒的效应等方面。

具体而言，国内外主要从四个方面运用贸易引力模型分析影响双边贸易发展的因素：①反映贸易国经济发展状况的因素，即国民生产总值，反映贸易国资本—劳动比例的人均收入、人均收入的绝对差额、双边汇率、进出口单位值指数、运输成本、进出口国消费价格指数、人口资本密集度、外商直接投资、贸易国批发价格指数等；②反映贸易国自然环境的因素：两国距离、人均农业用地的绝对差额、平均气温的绝对差额、农药残留量等；③反映贸易国的人文社会环境的因素：总出生率差异、城乡人口的绝对差额、共同语言、殖民关系、消费偏好差异等；④反映贸易国政策环境的因素：非关税覆盖率指数、1＋平均关税率、优惠边际、是否加入全球或区域性合作组织等。史朝兴和顾海英（2005）通过建立中国蔬菜出口贸易引力模型方程，预测中国蔬菜出口贸易流量和流向，证明了蔬菜进口国的经济总量、中国蔬菜产业的国内生产总值和APEC 区域贸易制度安排都对中国蔬菜出口贸易有显著正面影响，而距离所代表的运输成本则是阻碍蔬菜出口的主要因素。Karov 和 Roberts（2009）基于美国 1996—2007 年 23 类水果和 23 类蔬菜的贸易数据，运用引力方程动态分析了动植物卫生检疫管制对美国水果蔬菜进口影响效应。结果表明,北美自由贸易协定(NAFTA)对美国水果蔬菜贸易具有正效应,而动植物卫生检疫管制对美国水果蔬菜进口的影响效应呈现复杂性。钟子建(2010)以中日蔬菜贸易为研究对象,在其他基本影响因素不变的前提下在贸易引力模型中加入农药残留限量分析中日蔬菜贸易的贸易流量与贸易前景,结果显示日本蔬菜农药残留标准对中国蔬菜出口具有显著负影响。

此外,国内外学者运用恒定市场份额模型(CMS)研究对外贸易增长影响因素的研究成果,主要从国家、地区、企业、产品等维度,研究农产品及其他制成品行业的出口竞争优势、贸易增长源泉、进出口产品结构、规模结构和市场结构调整,以及贸易潜力测算、资本投资流向预测。司伟等(2012)运用恒定市场份额模型,分析1992—2012年中日、中韩双边农产品贸易增长的影响因素及其贡献率,研究发现,进口需求效应是中日韩农产品贸易增长的主导力量;出口结构效应制约中日韩农产品出口贸易增长。刘岩和王健(2011)运用CMS模型,分析中国在美国制成品进口市场上相对于日本、NAFTA2国、越南、印度、ASEAN-5、BRIC(2)的竞争表现,结果表明中国对经合组织成员在所有技术水平项下都具有竞争优势,对非经合组织成员具有阶段性和部分性竞争优势。Wang(2009)运用恒定市场份额模型分析2002—2006年中美农产品贸易竞争力,发现出口竞争效应对中国农产品出口增长具有正向贡献,对美国农产品出口增长具有负向影响。Batista(2008)采用1992—2004年巴西出口美国的制成品数据和扩展的CMS模型,估计巴西在美国市场相对于中国、墨西哥、爱尔兰、俄罗斯等国的市场份额变动和竞争力状况,发现巴西制成品在1992—1999年缺乏竞争力,在1999—2004年具有较强的竞争力。杨莲娜(2007)运用CMS模型,探讨2000—2005年中国对欧盟农产品出口增长阶段性特征和影响因素,发现市场规模效应对出口增长影响最大,其次为竞争力效应,商品构成效应对出口增长影响最小。帅传敏等(2003)运用CMS模型,研究中国农产品整体国际竞争力的长期变化趋势,发现农产品出口结构效果超过竞争力效果;农产品出口结构不优是制约中国农产品国际竞争力的主要因素。

综上所述,贸易引力模型方法和恒定市场份额模型方法是国内外农产品进口影响因素研究的主要分析框架,但前者虽在分析国际贸易现象时具有较强的解释力,却缺少经济理论基础,同时在应用中存在模型表达形式、动态与静态模型的选择、距离系数的解释以及一些贸易现象解释失灵的问题(丁辉侠,

2009)。Kalabsi（2001）认为在引力模型中如果包括专门从事初级产品生产和出口的小国，会给模型带来干扰，估计和预测的结果都不准确。原因在于小国主要的出口产品比较单一，且集中于劳动密集型产品，引力模型常包括的国民收入、距离等不再是影响这些产品贸易的主要因素。因此，运用引力模型在分析贸易国之间的贸易现象时存在理论和实践运用的缺陷。而基于竞争优势理论的恒定市场份额模型，能够突破引力模型的缺陷，依据中国苹果进口贸易的阶段性变化特点，从中国苹果进口市场份额变化视角，剖析在中国苹果进口贸易发展的不同时期，中国苹果进口影响因素的作用机理和变化趋势，对进行各阶段中国苹果进口贸易增长源泉的分析，具有重要的理论和方法参考价值。

1.3.3　苹果国际比较优势研究

在国际贸易比较优势理论、产业竞争理论研究中，国外文献主要从国家、地区、产业、企业、产品等不同维度，测试显示性指标（如贸易专业化系数、出口绩效相对系数、固定市场份额、显示性比较优势等）和分析性指标（如生产率水平、营销能力、组织及管理能力等直接指标，研发能力、人力资本等间接指标），分析主要苹果出口国的比较优势（Gale et al.，2010）；利用国内资源成本系数定量比较分析各国苹果国际贸易的产品结构、规模结构和市场结构，并分析相关贸易对各方福利的影响；分析不同特征消费者对苹果消费需求的差异，测算多种需求弹性，制订关联产业政策，确定消费补贴方式和标准；分析主要苹果进出口国家和地区的产业发展动态、市场特征及变化趋势，制订差异化的全球贸易政策和营销策略（Dong and Li，2009；Kuchler and Stewart，2008）。

国内研究则以国际市场占有率、可比净出口指数、显示性比较优势、资源成本系数为经济指标，对中国及世界苹果主产国的国际竞争力进行综合比较。研究表明，中国苹果产业发展面临苹果品种结构单一、果农组织化程度较低、优质果率不高、组织管理水平低下等制约性问题，提出诸如保护原产地品牌、突破技术性贸易壁垒、全面提高国际营销能力等提高其出口竞争力的对策（赵佳、方天堃，2005；刘晓光等，2006；张永良、侯铁珊，2007；王秀娟、郑少锋，2006；陈爱娟、崔瑞丽，2008；杨小川和蔡丽娜，2008；王春玲、赵晨霞，2009）。此外，庞守林和田志宏（2004）从苹果产品与国际市场相对应的角度，通过产品品种和出口市场的细化，定量比较分析了中国苹果国际贸易的产品结构、规模结构和市场结构，并对优化苹果产品出口的产品结构和市场结构提出建议。张艳和郭继远（2009）通过分析陕西苹果产业发展现状和国家竞争力，认为陕西苹果具有价格比较优势，但在产业发展中存在标准化程度不高、地域品牌维护意识薄弱、缺乏稳定且具有一定规模的销售网络等问题。

部分学者从产业集群的角度入手，通过对中国苹果行业的整体分析，指出苹果产业形成集群的瓶颈，并提出了诸如拉长产业链、培育龙头企业、发展协会组织等建议，同时还指出依靠产业化经营链条发挥科技部门的主体作用，实现区域苹果产业规模化（姚丽凤和刘玉祥，2007；解永亮和马军，2008；欧阳斌，2009）；根据区域优劣势变化、运销效率提高等，促进我国苹果生产布局向中西部及北部转移，向劳动成本低的区域转移，向病虫害较轻的新兴产区转移，以提高我国苹果市场整体竞争力（霍学喜，2009）。有学者从品牌战略的角度入手，认为以市场为导向调整改善产品结构，树立品牌意识，建立生态环境果园等措施是提高苹果产业国际竞争力的有效途径（王保利和姚延婷，2007；郑春，2008）。

随着乌拉圭回合谈判的进展，关税壁垒退居次要位置，非关税壁垒，主要是技术贸易壁垒，由于其自身的隐蔽性和灵活性，成为各国广泛实施贸易保护的一种手段。尽管与美国等发达国家相比，中国苹果生产具有低成本与价格优势（黄季焜等，2001；程国强，2005，霍学喜，2007），而要把中国水果成本价格比较优势转化为对国际市场的竞争优势关键在于突破技术性贸易壁垒，研究表明发达国家技术性贸易壁垒在未来很长一段时期内对我国苹果出口形成制约，包括苹果在内的大部分水果因食品卫生检验检疫不达标而受阻于技术性贸易壁垒（潘伟光，2005；林坚和霍尚一，2008；林青和祁春节，2009）。林凤（2008）则从贸易壁垒和补贴政策运用的角度，对中国苹果产业的发展进行研究。日益提高的技术性壁垒必将成为我国苹果出口的主要障碍性因素，影响我国苹果的国际竞争力（USDA，2009）。此外，高志杰和罗剑朝（2008）指出产业发展离不开市场话语权，中国苹果产业已经转向以质量、安全、效益提升并重、国内外市场资源一体化整合为标志的内涵发展型。功能性市场的建设和培育对提高产业市场话语权，摆脱受困于各国非关税壁垒的限制具有极其重要的作用。

综上所述，国内外关于苹果比较优势研究的理论和结论，对本书进行国产和进口苹果以及主要进口来源地之间比较优势的分析，具有重要的参考价值。

1.3.4　苹果消费行为研究

国外关于苹果消费问题的研究，主要集中于苹果品质特征对消费者苹果消费行为的影响分析，运用包括消费者认知评价在内的微观数据和内部果品质量测量手段，分析消费者的选择偏好和支付意愿及其影响因素。Kainth（1994）采用印度旁遮普邦地区的 400 份微观调查数据分析了城市居民的苹果消费行为，结果发现不同收入阶层的消费者对苹果大小、颜色的偏好不同，下层和中层阶级群体偏好较大的苹果，而中上层阶级和富裕阶层偏好较小的苹果，而各收入阶层的消费者均偏好红色苹果；家庭规模、家庭教育和可支配收入对消费者苹果消费行为影响不显著。Jaeger 等（1998）采用实验经济学研究方法分析英国和丹麦苹果消费者的消费偏好，发现苹果的风味、口感、果形和颜色对消费者偏好影响较大，且不同文化背景下的消费者对苹果品种、风味的消费偏好具有相似性。Cliff 等（1999）通过研究加拿大英属哥伦比亚和新斯科舍地区不同苹果品种的外观、口味、质地对消费者苹果消费偏好和消费行为的影响，发现哥伦比亚地区的消费者偏好嘎啦和克雷斯顿苹果，新斯科舍地区的消费者偏好嘉年华和可得兰苹果；两个地区消费者的苹果消费行为受苹果外观的影响比质地影响大。Perez 等（2001）运用美国消费者食物摄入量的微观调研数据，分析美国居民的苹果产品消费行为。结果表明，西部地区消费者偏好鲜果消费，东北地区居民偏好苹果加工品。苹果及其加工产品的消费特征在不同性别、种族、年龄的人群之间差异较大，男性消费者比女性消费者更偏好鲜果消费；黑人与非西班牙裔消费者比拉美裔消费者更加偏好苹果加工产品；低龄男童偏好苹果汁消费。Bannon 和 Schwartz（2006）运用实验经济学研究方法，测试不同的信息传递渠道对儿童选择以苹果为代表的健康食品的影响，结果表明，包含营养健康信息的视频对儿童苹果消费行为具有正向影响。Péneau 等（2006）利用瑞士 4 758 份消费者微观调研数据，分析消费者对新鲜苹果消费偏好以及消费者如何通过感官和非感官性质判断苹果的新鲜性，结果表明，消费者主要通过苹果的口味、酥脆程度和汁液多少形成对苹果新鲜度的认知；不同年龄、性别的消费者构成苹果新鲜度的认知因素存在差异。Jesionkowska 等（2008）采用荷兰、法国和波兰的 1 092 份调查问卷，运用统计描述方法分析消费者对苹果、葡萄和杏等水果的干果以及干果制品的消费偏好。结果表明，波兰消费者偏向消费苹果产品，荷兰消费者对葡萄产品的消费偏好最强；波兰消费者多在下午和晚上食用干果制品，荷兰和法国消费者多在早上食用干果制品。Swanson 等（2009）利用肯达基州 800 位学生的微观调研数据，采用统计描述的方法分析学生对切片的苹果和橘子的消费行为，结果表明，学校食堂的食物处理技术影响消费者的消费偏好，特别地，消费者对切片橘子具有较强的消费偏好，而对于切片苹果的消费偏好较弱。Konopacka 等（2010）采用来自 7 个欧洲国家的 4 271 份苹果消费行为调查数据，运用统计描述方法分析不同年龄、性别和国家的消费者对苹果和桃的消费偏好和习惯，结果表明，苹果和桃的消费在不同国家存在显著差异；波兰消费者的苹果消费偏好最强，其次为意大利，荷兰和西班牙的苹果消费偏好最弱；法国消费者的桃消费偏好最强，而德国的消费偏好最弱；女性比男性更偏好苹果消费；年龄在 61～70 岁的消费者比年龄在 36～60 岁的消费者更偏好苹果消费。Vafa 等（2011）研究发现血脂高的肥胖人群消费金冠苹果后会有效提高血液中甘油三酯和极低密度脂蛋白胆固醇的含量，而对总胆固醇的影响不显著。Galmarini 等（2013）利用阿根廷和法国消费者的在线调研数据，运用卡方检验和多因素分析法，分析苹果消费者的质量预期，结果发现，消费者的质量认知受文化差异的影响，阿根廷的苹果消费者更加注重苹果的外观，而法国消费者更加注重苹果的风味。

国内有关苹果消费方面的研究，主要集中于国产苹果的消费状况、消费特征、需求弹性特征以及供求均衡状态，部分学者从微观视角基于调查数据分析了中国消费者苹果消费特征及其影响因素。常平凡（2002）利用山东、陕西等 5 个苹果主产省份消费者的调研数据，分析影响苹果主产省份消费者苹果消费的主要因素，结果发现收入低对消费者苹果消费的抑制作用最大，其次为苹果价格高和质量差。刘汉成（2003）利用湖北、河南、江西、浙江 4 省 500 份的苹果消费调查数据，分析发现收入、产品品种、产品质量、产品产后商品化处理因素、季节性差异、城乡差异、性别差异等因素影响消费者的苹果消费行为，且农村居民的苹果需求的价格和收入弹性高于城镇居民。刘军弟和霍学喜（2010）运用美国农业部的统计数据，分析了 2010 年世界主要国家的苹果鲜食消费、苹果加工消费状况，结果显示世界苹果鲜食消费总体上增长了 7.19%，而苹果加工消费则呈现减少趋势。石建平（2010）在分析苹果商品属性、市场供求规律、消费特征的基础上，运用微观经济学中的弹性理论、蛛网模型及相关分析方法，研究苹果消费需求弹性特征及均衡模式，结果表明中国苹果消费总体上呈现苹果消费总量大，人均苹果消费水平低，消费结构单一和时空差异明显等特征；苹果需求缺乏弹性，苹果需求收入弹性系数大于价格弹性系数，消费者对收入变化更为敏感；长期内，苹果供求总量将会随时间推移逐渐实现均衡，而短期内，中国苹果供求存在较强的结构性矛盾。孙佳佳和霍学喜（2013）利用北京、上海、广州和西安 4 个城市 400 位进口苹果消费者的微观调查数据，采用结构方程模型方法，对消费者进口苹果消费行为进行了理论分析和实证检验，结果证明，价格因素显著负向影响中国消费者的进口苹果消费评估和消费行为；进口苹果自身属性、质量安全因素和广告效应正向影响消费者的进口苹果消费评估；进口苹果自身属性、质量安全因素和进口苹果消费评估显著正向影响消费者的进口苹果消费行为。

综上所述，国内外学者关于苹果消费行为的调查研究，从微观消费和果品属性特征着手，运用规范分析和实证分析相结合的方法，验证消费者个人属性特征、果品属性特征以及社会经济环境和质量监管措施对消费者支付意愿、信任程度和购买决策的影响，试图揭示不同地区果品消费者的行为特征和演变规律。其研究思路和结论，对进行中国消费者进口苹果消费行为研究，具有重要的参考价值。

1.3.5　国内外研究动态评价

国内外关于农产品进口贸易研究的理论和方法较为成熟，包括以需求系统模型为代表的非完全替代模型理论、以 Armington 模型为代表的完全替代模型理论。这两种理论模型均以弹性分析理论为载体，分析不同国家消费者对主要进口来源地的不同产品的支出和价格弹性，试图通过解释引起消费者支出变化的因素，研究国产和进口农产品之间及主要进口农产品来源国之间农产品的替代和互补关系，进而为研究其比较优势的变化提供现实和理论依据。其模型建立和分析方法具有较强的经济学理论和现实解释力，是经典微观经济分析框架在国际贸易领域的具体运用。尽管两种分析框架均利用贸易数据进行分析，但由于国内市场环境和国际贸易环境的多样性，其假设前提具有很大的差别，Armington 模型通常假定一国的进口商品和国产商品能够完全替代，即进口商品和国产商品不存在差异性。但在实际经济中，一国的进口商品和国产商品通常存在较大的产品差异性，用传统的假设前提容易得出错误的结论。而需求系统模型则假定一国的进口商品和国产商品之间存在差异性，不存在替代关系。结合中国苹果进口贸易的现实状况分析可知，进口苹果和国产苹果在消费目的、产品属性和价格特征方面均存在不可替代性，因而作为国内外进行农产品进口需求研究的主流方法，需求系统模型的研究思路及成果对本书具有重要的参考价值。此外，需要注意的是，多数研究在运用需求系统模型时，忽视了利用需求函数加总性、齐次性和对称性以及模型自变量内生性等约束条件。因此，本书试图在对国产苹果和进口苹果差异性分析的基础上，借鉴国内外已有研究成果，利用中国苹果进口贸易数据，检验进口苹果需求函数模型的加总性、齐次性、对称性，选择满足需求函数约束的条件；选择适宜中国苹果进口数据的研究模型，测算中国进口苹果需求支出弹性和价格弹性，分析中国苹果主要进口来源地之间的替代关系，并围绕完善苹果进口贸易政策提出对策建议。可见，类似研究在一定程度上有助于完善中国苹果进口贸易理论。

国内外关于中国苹果比较优势的研究结论显示，中国苹果产业存在低成本和价格方面的比较优势，而在品种结构、品牌效应、规模效益和技术性贸易壁垒等经营管理方面存在较大比较劣势。但苹果产业经济研究室（2009）通过研究国内外文献综述与评价，并结合成员参加国际会议以及邀请欧美同行访问研讨等方式，所形成的关于中国苹果进口贸易的基本判断则显示，中国苹果产业已进入要素价格全面上涨导致的成本快速增加的发展阶段，国际市场范围内中国苹果产业的低成本竞争优势正在逐渐丧失，未来中国苹果产业的结构性比较弱势将更加凸显，从而具有较大的苹果进口潜力。上述理论分析结论与判断中的部分结论得到验证（王静和霍学喜，2014），其他结论尚有待验证，而验证这些结论是本书研究的重要内容。

在加入世界贸易组织之前，中国农产品进口贸易发展缓慢。即使2005年之后的农产品进口快速增长时期，中国进口农产品也主要集中于油料、棉花、大豆、橡胶等资源性农产品，因而理论界对水果、蔬菜等高价值农产品进口研究关注较少。与此相反，国外关于农产品进口贸易的研究所涉及的领域和品种范围较为广泛，尤其是日本、美国、加拿大、欧盟国家等世界上主要的农业强国和果蔬进口国，主要围绕本国的市场经济环境和着眼全球开展深入、系统的研究，其研究具有重要参考价值，但对中国开展市场分析和贸易政策优化研究适用性较弱。同时，国外学者关于苹果消费行为和偏好的研究主要针对欧美等国的经济社会条件、消费习惯与文化传统背景，缺乏针对中国社会文化环境的苹果消费领域的研究，因而其研究成果也并不能完全适用于中国。国内学者主要运用微观数据统计分析方法，分析中国消费者国产苹果消费行为及其影响因素，其研究结论对深入了解中国苹果消费状况具有重要指导意义，但缺乏系统的进口苹果消费者行为理论分析和实证检验。鉴于此，本书将在借鉴已有研究的基础上，针对中国苹果消费环境和农业体制背景，采用消费者微观调研数据，对中国进口苹果消费特征、消费需求弹性特征，以及消费者消费行为进行理论分析和实证检验，研究成果有助于完善国内研究及理论。

1.4 研究方法、技术路线

1.4.1 研究方法

本书在国内外文献综述与评价的基础上，运用规范分析方法，在分析中国苹果进口贸易特点的基础上，以中国苹果贸易竞争优势理论、进口需求理论和消费行为理论为指导，从国际竞争、国内需求和消费视角，揭示中国苹果进口贸易产生的影响机理，设计构建中国苹果进口贸易分析的理论体系。运用实证分析方法，验证世界经济因素、国内经济因素、进口苹果市场结构因素以及这些因素的交互影响对中国苹果进口贸易的影响，明确国内需求引力是中国进口苹果增长的主要拉动因素；验证价格因素、进口苹果属性、广告效应、质量安全因素、营养健康因素对消费者进口苹果消费行为的影响。

具体的研究方法包括：

（1）在借鉴已有理论研究和文献成果的基础上，界定中国苹果进口贸易的内涵和外延，识别和确定本书研究对象和研究范围；运用规范分析方法提出"中国苹果进口贸易特征分析→中国苹果进口贸易产生和增长的内在影响机制及发展趋势→苹果进口增长对中国苹果市场的冲击及苹果产业发展的影响"的理论分析框架。

（2）运用描述性统计分析方法测算中国苹果进口贸易数据的均值、方差、频数、分布、离散程度等指标。运用描述性统计分析方法能够对中国苹果进口趋势特征、结构特征以及中国市场上进口苹果消费者的人口统计特征、消费行为特征、心理价格特征等进行统计分析，通过统计分析发现数据的内在规律，揭示中国苹果进口规律和消费者行为规律，为本书的规范分析结论提供支持，并为后续实证分析奠定基础。

（3）运用恒定市场份额模型（CMS）测算引起中国苹果进口快速增长的因素，包括结构效应（市场效应、增长效应）、引力效应（整体引力效应、具体引力效应）、二阶效应（纯二阶效应、动态残差效应），及其对中国苹果进口增长的贡献程度。本书运用恒定市场份额模型方法的目的是验证世界经济环境、国内经济环境、进口市场结构因素以及这些因素的交互作用对中国苹果进口贸易的影响。

（4）运用价格敏感度模型方法（PSM）计算消费者对苹果价格的可接受累加频率，划分消费者对苹果价格的不同接受区间。本书运用价格敏感度模型方法的目的是测定和确定消费者对苹果价格的可接受范围，为依据价格划分苹果等级提供理论和现实依据。结合中国市场上的苹果质量、自身属性、营养状况等特点，运用价格敏感度模型方法能够确定进口苹果在中国苹果市场属于高端苹果。

（5）运用需求系统模型方法，测算中国苹果进口的支出弹性和价格弹性。该方法能够比较分析一般化需求模型与其交错的 4 种可微分的需求模型的加总性、齐次性、对称性、自变量内生性、需求系统的拟合优度，确定符合中国苹果进口需求数据资料特征的模型形式。通过使用该方法能够明确中国消费者进口苹果需求预算和价格变动对进口苹果需求的影响，分析中国主要苹果进口来源地之间的替代关系，从而揭示中国苹果进口快速增长的内在机理，探索中国苹果进口对苹果产业发展的影响。

（6）运用结构方程模型方法，测算价格因素、进口苹果属性、广告效应、质量安全因素、营养健康因素对消费者购买行为的影响方向和影响程度。本书运用结构方程模型方法的目的是验证社会的、经济的、文化的因素对消费行为的影响，从而揭示中国市场进口苹果需求及消费者行为特征，分析国产苹果和进口苹果之间的比较优势。

1.4.2 技术线路

本书以进口需求理论、竞争优势理论和消费行为理论为指导，构建中国苹果进口贸易研究的分析框架，运用规范分析和实证分析相结合的方法，对中国苹果进口贸易问题进行系统研究。本书研究的逻辑框架为：借鉴国内外关于农产品贸易的研究成果，在分析中国苹果进口贸易内涵和外延的基础上，形成本书的理论体系；运用描述性统计方法，揭示中国苹果进口贸易变化规律；运用实证分析方法验证中国苹果进口贸易快速增长的国内外影响因素；依据实证分析结果，深入探讨诱导中国苹果进口快速增长的内在影响机制，包括以弹性分析为载体的国内进口苹果需求分析和消费者进口苹果消费行为分析，进一步探索国产和进口苹果、不同来源国的进口苹果之间的竞争优势；在此基础上揭示进口苹果变化趋势及其对中国苹果产业发展的影响，提出有利于中国苹果贸易健康发展的贸易政策和中国苹果产业结构转型、升级的对策建议。

具体技术路线如图 1-1 所示。

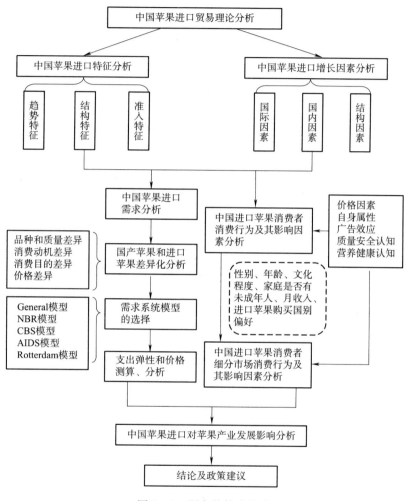

图 1-1 研究的技术线路

1.5 研究内容

1.5.1 中国苹果进口贸易理论基础

通过分析苹果商品属性的概念、内涵及中国苹果进口贸易的特征，详细论述本书所涉及的竞争优势理论、进口需求理论、消费者行为理论和市场细分理论等贸易经济理论，为分析近 20 年中国苹果进口贸易产生并快速增长的原因及其演变规律、国内进口苹果消费行为特征及影响因素以及细分市场中国进口苹果消费行为和特征提供理论基础。

1.5.2　中国苹果进口贸易特征分析

在对中国苹果总体进口规模进行分析的基础上，首先，运用统计描述方法，分析中国苹果进口规模、进口价格、进口季节特征，并用季节分解模型对中国苹果进口数据进行趋势分解，揭示中国苹果进口数量和金额的变化规律，并预测未来中国苹果进口贸易发展趋势和进口潜力。其次，在对中国苹果进口来源地总体时序变动和国内流向结构分析的基础上，对中国苹果市场集中度和市场波动同步性进行检验。最后，对中国苹果进口市场准入特征进行分析。

1.5.3　中国苹果进口增长影响因素分析

在对中国苹果进口贸易变化情况分析的基础上，将针对中国苹果市场出口的典型贸易主体划分为智利、美国、新西兰、日本 4 个国家，并将中国苹果进口贸易变化划分为 4 个时期，分别为低位徘徊期（1992—1998 年）、起步增长期（1998—2004 年）、衰退期（2004—2006 年）和快速增长期（2006—2011 年）。运用恒定市场份额模型（CMS），测算苹果进口发展的不同时期进口结构、进口引力，以及中国进口引力变化和世界苹果进口需求变化的交互作用对中国苹果进口增长变化的贡献程度，为后文苹果进口需求和国内消费者的消费行为研究提供理论基础。

1.5.4　中国苹果进口需求分析

本部分从中国进口苹果和国产苹果市场差异化视角，利用中国进口苹果主要来源国智利、美国、新西兰、日本的苹果贸易数据，以及似然比检验和差异化需求系统模型方法，确定符合中国进口苹果数据特征的需求函数形式，估计中国苹果进口支出弹性和价格弹性，分析中国苹果进口需求特征。

1.5.5　中国进口苹果消费行为分析

针对中国苹果生产成本持续上升以及苹果进口数量和金额高速增长的趋

势，本部分将利用北京、上海、广州、西安 4 个典型城市反映消费者进口苹果消费特征的微观调查数据，从消费的视角，运用结构方程模型，确定消费者进口苹果消费行为的影响因素。同时，在进口苹果市场进行细分基础上，结合中国消费者的社会、心理特征，围绕不同需求和偏好的消费群体或组织，分析不同消费者群体的心理特征与行为，探索国产苹果和进口苹果、不同来源国的进口苹果之间的比较优势，揭示进口苹果变化趋势及其对中国苹果产业发展的影响。

1.5.6　主要结论和政策建议

在分析和总结理论分析、实证研究结论的基础上，分析苹果进口对中国苹果产业发展的影响机制，提出有利于中国苹果贸易健康发展的贸易政策和中国苹果产业结构转型、升级的对策建议，增强本书的应用价值。

1.6　研究创新之处

本书的研究主题是中国苹果进口贸易问题。与国内外已有的相关研究相比，创新点主要包括三方面：

（1）运用贸易竞争优势理论、进口需求理论和市场细分理论，通过构建恒定市场份额模型和需求系统模型，分析不同苹果进口来源地的进口需求弹性、替代与互补性、引起苹果进口增长的机制。研究表明，国内引力因素是中国苹果进口快速增长的最重要原因；中国苹果自产量不影响苹果进口量，进口需求较为稳定；进口智利和新西兰的苹果受季节性因素的影响，进口美国和日本的苹果受苹果品质、品牌的影响；在中国苹果市场上，智利苹果与新西兰和日本苹果之间具有互补关系，美国与新西兰和日本苹果之间具有替代关系，新西兰与日本苹果之间具有互补关系，智利和美国苹果之间无显著替代效应。与同类研究相比，将中国进口苹果研究细化到具体国家，为有针对性地根据不同国家的出口市场提出相应的进口贸易政策，提供了具有操作性的依据。

（2）将四维价格敏感度模型（PSM）引入中国苹果市场等级划分体系中，基于消费者在购买苹果过程中对价格刺激的心理反应，依据价格累加频率，确定消费者对苹果价格的可接受范围；通过比较分析消费者实际购买的进口苹果价格，确定进口苹果市场为中国的高端苹果市场。

（3）从苹果产品差异化、消费者偏好等角度，分析中国进口苹果特征和消费行为演变规律。与同类研究相比，在以量取胜判断竞争力标准的基础上，进一步以进出口产品差异、等级结构为竞争力分析依据，使理论界和决策者认识到在苹果产业转型、升级过程中，中国苹果产业发展所呈现的结构性竞争弱势，为研究苹果贸易竞争力提供新的理论和方法视角。

第2章 中国苹果进口贸易理论分析

本章在对苹果和苹果进口贸易的概念及特征进行分析的基础上，界定本书的研究对象。详细论述了本书中所涉及的国际贸易竞争优势理论、进口需求理论、消费者行为理论和市场细分理论，为开展中国苹果进口贸易研究提供重要的基础理论和研究方法。

2.1 中国苹果贸易概念及特征

2.1.1 苹果及其商品属性

苹果属于蔷薇科落叶乔木，果实球形，味甜，富含维生素，是世界4种主要水果之一。市场营销学中，苹果产品是指能够进行交换，用于满足个人需要或用于经营目的的产品，主要包括鲜苹果及苹果汁、苹果干、苹果酱、苹果脯等以苹果为原料的加工产品。依据前文中对本书研究目的阐述，本书的研究对象界定为苹果产品中的鲜苹果。

2.1.1.1 苹果的鲜活多样性

苹果具有水分含量高、保鲜期短、易腐性强，生产销售周期短等特性，是典型的鲜活农产品，苹果鲜活鲜销的生物特性，决定了苹果具有库存周期短、库存量少、价格波动的季节性特征显著的商品属性（赵姜等，2013；石建平，2011）。苹果树在果树中是品种最多的树种，大部分是17世纪之后培育而成，19世纪后期数量迅速增加，苹果树品种达1万种左右（青木二郎，1975）。现阶段，中国生产上作为经济栽培品种的主要为富士（70.00%）、新红星和首红等元帅系品种（9.20%）以及秦冠（6.80%）和华冠（2.10%）。此外，嘎拉、华夏、藤木一号、红将军等早中熟品种以及金红、澳大利亚青苹等适宜加工的品种也逐渐形成规模生产（木生和田琳，2012）。

2.1.1.2 苹果生产和供给的地域性和季节性

苹果树是在自然条件下栽培生长，生长期较长，多数品种从栽培到挂果需要3~5年，并且光照、温度、降雨量等气候条件以及霜、冻、冰雹、病虫害等自然条件对苹果的产量和品质均具有较大影响,因而苹果种植对生态及地理环境的依赖性较强,属于典型的资源价值型、生态价值型、环境价值型产品。就中国而言,苹果生产主要分布于黄土高原和环渤海湾两大优势区域。一般而言,在苹果的收获季节,苹果的上市时间较为集中,而在非收获季节,苹果的供给相对不足。苹果的这种季节性供求特征,导致苹果市场会出现周期性的供不应求或供过于求,尤其受到供求信息不对称,市场反应滞后,保鲜、物流运输、仓储等条件限制,会频繁产生短期内苹果市场供求波动的状况。

2.1.1.3 苹果的高价值性

高价值农产品具有生产投入多、经济效益高的特征,符合消费者对农产品质量和消费层次日益增长的消费需求与趋势,也被称为增值农产品,高价值农产品常与半加工、加工和深加工等特征紧密联系,增加了农产品的附加价值和收益。由于苹果是在自然条件下生长,受光照、温度、冰雹等自然环境和栽培技术、病虫害控制等人为因素的制约,果品的形状和色泽均匀度、表皮洁净度以及农药残留量等均会受到不同程度影响,为满足国内外对果品质量、规格以及包装的要求,实现果品的标准化生产和销售,需在苹果的生产过程中和苹果的产后处理环节加强质量与安全监测、标准化程度、包装、产品标识等方面的投资。因此,苹果属于典型的高价值农产品,其产业链增值空间较大。

2.1.1.4 苹果供给缺乏弹性

苹果属于多年生植物,其生产具有较强的季节性和周期性,生产者往往不能依据当年的市场价格变化及时调整下年的生产结构和规模,因而导致苹果年供给量调整余地较小,供给缺乏弹性。但由于苹果属于高价值农产品,其生产经营过程参与贸易或市场流通体系的分工与协作,并且受全球农业贸易变化的影响,对市场需求变化反映较为敏感(屈小博,2008)。此外,其他水果对苹果的较强替代性也会导致苹果的需求弹性增大。研究表明当苹果价格过高,梨或柑橘类水果价格相对较低时,在收入约束和总量控制条件下,消费者对苹果的需求量会降低,对替代性水果的需求会增加也会导致苹果的需求弹性增大(祁春节和汪晓银,2000)。因而与粮食、油料等大宗农产品不同,苹果的需求弹性比供给弹性大。

2.1.2 中国苹果进口贸易及其特征

苹果产品进口贸易是指苹果产品跨越独立的行政管理界限的流动。本书的研究对象为中国对其他国家或地区的鲜苹果进口贸易。与小麦、玉米、棉花等大宗农产品进口贸易不同，苹果进口贸易和消费均有其自身的特殊属性，主要呈现出以下特征。

2.1.2.1　进口增长速度较快

近 20 年来，中国苹果进口的绝对值虽然较小，苹果的年进口量占中国水果年进口总量的比重也较低，但进口规模却呈快速上升趋势。据联合国贸易统计数据库测算，1992—2012 年中国苹果进口规模快速增长，进口量和进口金额分别由 1992 年的 0.07 万吨和 70.95 万美元增长至 2012 年的 6.15 万吨和 9 234.20 万美元，21 年间中国苹果进口量和进口金额分别增长了 86.86 倍和 129.15 倍，年均增长率分别达到 15.08％和 27.56％（联合国贸易统计数据库，1992—2003）。

2.1.2.2　进口来源地较集中

中国苹果进口来源地主要集中在智利、美国、新西兰、日本等国家或地区，进口市场过于集中会在一定程度上限制中国苹果的进口规模及进口政策优化，且会降低苹果进口贸易的抗风险能力。1992—2012 年中国苹果进口来源地主要有智利、美国、新西兰、日本 4 个国家，进口量和进口金额占中国苹果进口规模的比重分别为 97.76％和 98.30％。其中，排名第一位是智利，进口量和进口金额分别为 284 611.36 吨和 29 111.99 万美元，占中国苹果总进口量和总进口金额的比重分别为 42％和 48.17％；第二位是美国，进口量和进口金额分别为 280 858.76 吨和 23 986.07 万美元，占中国苹果总进口量和总进口金额的比重分别为 41.46％和 39.69％；第三位是新西兰，进口量和进口金额分别为 92 732.11 吨和 5 387.59 万美元，占中国苹果总进口量和总进口金额的比重分别为 13.69％和 8.91％；第四位是日本，进口量和进口金额分别为 3 983.11 吨和 915.02 万美元，占中国苹果总进口量和总进口金额的比重分别为 0.59％和 1.51％（联合国贸易统计数据库，1992—2013）。从进口的品种结构来看，2001—2012 年中国进口的苹果来源地和品种分别为智利［蛇果 50.33％、青苹果 7.53％、加纳果（嘎啦果）36.14％］、美国（蛇果）、新西兰（红玫瑰）和日本（富士）（中国海关统计数据，2000—2013）。

2.1.2.3　以高端苹果为主

由于国产苹果品牌影响力较低、产品标准化程度较低等，国内苹果市场中的苹果质量参差不齐，主要表现为中低端苹果供给充足，但高端苹果供给相对不足，无法满足消费者多样化的需求偏好。正因为如此，中国市场上的进口苹果主要集中于高档苹果和早熟品种。此外，加工专用苹果及其他新优品种的进口也比较多。由于进口苹果价格限制及其自身的特殊属性，因此其购买者大多为中高收入阶层或者具有猎奇心理的消费群体，进口苹果的消费地主要集中于广州、北京、上海等经济相对发达地区。

2.1.2.4 进口贸易方式单一

2000—2013 年，中国苹果出口贸易方式主要包括一般贸易、边境小额贸易、保税仓储转口贸易和其他贸易，占中国苹果出口贸易的比重分别为 70.83％、28.89％、0.26％和 0.002％（中国海关统计数据，2000—2013）。而与中国苹果出口贸易方式多样化不同，中国苹果进口贸易方式单一，主要为一般贸易方式，仅涉及极少量的保税仓储转口贸易和其他贸易方式。

2.2 苹果进口贸易理论和方法

通过分析苹果的商品属性和中国苹果进口贸易的内涵和外延，本书从国际竞争视角和国内消费、需求视角，分析中国苹果进口快速增长的影响因素，揭示中国苹果快速增长的内在机理，构建中国苹果进口贸易研究的理论分析框架。

2.2.1 苹果贸易竞争优势理论

随着规模经济和产品差异化的发展，国际贸易中同产业的产品双向流动的现象不断深化，以比较优势为核心的古典和新古典贸易理论试图通过规模经济理论、技术差距论、产品生命周期理论等对产业内贸易的产生和发展进行解释，但仍存在一定的理论缺陷，竞争优势理论的产生是对传统比较优势理论的完善和发展。竞争优势理论最早由美国哈佛大学的迈克尔·波特教授提出（《国家竞争优势》，1990）。竞争优势是指竞争主体在市场竞争中所表现出超过竞争对手的优势，只有在市场竞争过程中才能得到体现。波特认为竞争优势的形成和变化主要取决于生产要素条件、需求条件、支持性产业和相关产业以及企业策略和结构因素之间的交互作用。就中国苹果进口贸易研究而言，波特的竞争优势理论为分析中国主要进口来源地的苹果在中国苹果市场上的竞争优势，以及中国苹果进口增长的源泉提供了重要的理论基础。

主要体现在四方面：

（1）竞争优势理论为预测中国苹果的进口潜力，以及分析主要进口来源地苹果竞争力提供了重要的分析工具。各国苹果的生产效率和果品品质取决于各国国内的生产要素水平、需求环境、产业发展策略，以及相关支持部门的配合和相互作用，而果品的品质和生产效率又决定其进入国际市场的价值和相对于竞争对手的增长率，从而反映一国苹果竞争力的现实状况。因此，分析影响各国苹果竞争优势的因素，有助于预测中国苹果的增长潜力以及主要来源国竞争力的变化。

（2）竞争优势理论强调分析各国苹果之间的动态竞争优势。传统的比较优势理论强调的是静态分析，侧重于分析苹果产业的要素禀赋，而对于日本、智利等资源稀缺国家在苹果产业所具有的较强的竞争优势却不能很好解释，而竞争优势理论认为静态的要素禀赋会因消耗而减少，而新的果园生产管理技术、新的苹果品种等创造性的要素禀赋会随着科技的发展成为要素稀缺国家苹果产业的竞争优势来源。

（3）竞争优势理论强调中国消费者苹果需求的重要性。传统的比较优势分析方法忽视了国内需求对各国苹果在中国苹果市场上的竞争优势的影响。在传统的贸易理论中，国内需求对各国苹果竞争优势的影响较小，苹果的消费和生产之间不具有因果关系。而竞争优势理论则明确提出，国内消费者的苹果消费需求与各国苹果的竞争优势之间具有因果关系，国内苹果消费者的消费结构、消费群体特征、需求偏好特征等都对苹果的竞争优势有决定性的作用。

（4）竞争优势理论强调国家在苹果产业竞争优势方面具有关键作用。竞争优势理论认为，一国内部的苹果需求、涉果产业的发展、国内果品市场竞争环境等与其他国家或地区的同类因素存在不可替代性（符正平，1999；王揖慈，1992）。竞争优势理论强调了国家对苹果产业竞争优势的培育和促进作用。

2.2.2　中国苹果进口需求理论

2.2.2.1　需求偏好相似理论

果品市场需求是消费者在某一特定时间内在某一既定的价格水平上愿意且有能力购买的某一种果品的数量。需求偏好是指消费者对商品或商品组合的喜好程度，以及由此产生的信任程度和反复消费过程（吴乐，2011）。

需求偏好相似理论是指产品的贸易结构、贸易流向及贸易量取决于该国的需求偏好，而一国的需求偏好则由该国的平均收入水平决定（温思美，2002；张英和刘渝琳，2007）。偏好相似理论主要包括三方面内容：①产品出口取决于国内需求。产品出口是国内生产和销售的延伸，新产品、新技术产生的动力来自本国的需求，只有国内需要的产品才具有较大的比较优势。从中国苹果贸易发展角度来看，苹果出口的增长是国内苹果产量增加和质量提高的必然结果；而中国苹果进口的快速增长也促使国内苹果生产技术和果园管理水平的提高，从而反向刺激出口的增长。②贸易流向和数量取决于贸易双方的需求偏好相似程度。需求偏好相似理论认为两国消费偏好的相似程度决定了其需求结构的相近程度。就苹果贸易而言，即当两国消费者对苹果的外形、颜色、口味、品牌等需求偏好越相似，则两国之间苹果贸易规模越大，反之亦然。③一国的平均收入水平决定该国的需求偏好。贸易国之间的收入水平相同，其需求偏好相似，两国间的苹果贸易范围则大；贸易国之间的收入水平相异，其需求偏好相异，两国间的苹果贸易范围则小。需求偏好相似理论为本书分析中国苹果进口潜力、贸易流向提供了重要的理论基础。

2.2.2.2 需求系统模型理论

在经济学文献中被广泛运用的贸易模型主要包括完全替代模型和非完全替代模型两类。完全替代模型假设国内生产和进口的同类商品之间可以完全替代，而非完全替代模型假设国内生产和进口的同类商品有差异，不能完全替代（周井娟，2009；贺蕾，2011）。从本书的研究对象进口苹果来看，中国消费者对国产苹果和进口苹果的偏好、评价，进口苹果和国产苹果的外形、色泽等自身属性以及两者之间的市场竞争等存在显著的差异，因而采用新古典贸易假设下的完全替代模型是不合适的，应采用非完全替代模型。近年来在研究国内外进口贸易需求方面得到广泛应用的为采用贸易数据资料作为模型选择标准的需求系统模型（姜百臣，2007；詹满色，2003）。

需求系统模型是由一般化的需求系统模型（General model）与和其嵌套的鹿特丹模型（Rotterdam）、CBS模型、AIDS模型和NBR模型几种需求系统模型构成，本书采用中国苹果进口贸易数据，通过似然比检验确定进行中国苹果进口需求研究的函数形式。

（1）模型函数形式。①Rotterdam模型。该模型最早由Barten（1964）和Theil（1965）提出，近年来在农产品进口需求研究中应用广泛，模型以马歇尔需求函数为基础，将传统双对数线性需求函数进行全微分和参数变换，模型表达式如式 2-1：

$$w_i d\log q_i = c_i + r_i d\log Q + \sum_j \lambda_{ij} d\log p_i + \sum_s \rho_{is} D_s \quad (2-1)$$

$$i,j=1,2,\cdots,n \quad s=1,2,3,4$$

式（2-1）中，w_i，q_i，p_i 分别表示进口商品 i 的平均支出份额、进口数量和进口价格，D_s 为季节虚拟变量；r_i 为消费者对进口商品的边际支出份额（Marginal Budget Share）；λ_{ij} 为补偿价格系数（Compensated Price Effect）；c_i 表示模型中由非价格或支出因素造成的进口商品消费需求变化；ρ_{is} 表示季节因素的影响系数；$d\log Q$ 为 Divisia 数量指数；s 的数值代表一年的四个季节。在 Rotterdam 模型实际估计中，$w_i = (w_{it} + w_{it-1})/2$，$d\log q_i = \log q_{it} - \log q_{it-1}$，$d\log p_i = \log p_{it} - \log p_{it-1}$，$d\log Q = \sum_j w_j d\log q_j$。依据需求理论模型要求，Rotterdam 模型需要同时满足以下三个限制条件，加总性（Adding-up）：$\sum_{i=1}^{n} r_i = 1$，$\sum_{i=1}^{n} \lambda_{ij} = 0$；齐次性（Homogeneity）：$\sum_{j=1}^{n} \lambda_{ij} = 0$；对称性（Symmetry）：$\lambda_{ij} = \lambda_{ji}$。

②CBS 模型。Rotterdam 模型假定边际支出份额 r_i 恒定，但实际研究中，Keller 和 Driel（1985）、Theil 和 Clelnent（1987）认为需求模型中的消费者边际支出份额应随消费者的收入、支出的变化而变化。在此假设条件下，Keller 和 Driel（1985）借鉴 Working 需求模型：$w_i = \alpha_i + \mu_i \log m$（$\sum \alpha_i = 1$，$\sum \mu_i = 0$），并将依据模型计算出的边际消费倾向 $w_i + \mu_i$ 代替 Rotterdam 模型中固定的边际支出份额 r_i，所得模型称为 CBS 模型。并在消费者需求研究中得到广泛应用，Lee 等（1994）、詹满色（2003）、周井娟（2009）、贺蕾（2011）等均将可变的边际支出份额假设纳入分析模型中，研究消费者对生活消费品、肉产品、虾产品、果汁等的进口需求。模型表达式如式 2-2：

$$w_i d\log q_i = c_i + (\mu_i + w_i) d\log Q + \sum_j \lambda_{ij} d\log p_i + \sum_s \rho_{is} D_s$$

$$(2-2)$$

$$i,j=1,2,\cdots,n \quad s=1,2,3,4$$

同时，CBS 模型需满足加总性、其次性和对称性之外的加总性条件：$\sum_{i=1}^{n} \mu_i = 1$。

③一阶微分 AIDS 模型。Deaton 和 Muellbauer（1980）认为 Rotterdam 模型和 CBS 模型均由效用最大化推导而来，而一阶微分 AIDS 模型则是在给

定价格和效用水平时，由支出最小化推导而来。假定支出函数是具有可微分性质的价格和效用的函数，并将效用函数以间接效用函数表示，即得到用支出份额表示的 AIDS 函数，并广泛应用该模型分析（Yang and Koo，1994、Carew et al.，2005、Nzaku et al.，2012）。AIDS 模型中边际支出份额及价格净替代的估计参数均随着支出份额的变动而变动。模型表达式如式 2-3：

$$w_i d\log q_i = c_i + (\mu_i + w_i)d\log Q + \sum_j [\psi_{ij} - w_i(\eta_{ij} - w_j)]d\log p_i + \sum_s \rho_{is}D_s$$

$$(2-3)$$

$$i,j=1,2,\cdots,n \quad s=1,2,3,4$$

式（2-3）中，η_{ij} 表示克罗内克符号（Kronecker Delta），当 $i=j$ 时，$\eta_{ij}=1$；当 $i\neq j$ 时，$\eta_{ij}=0$。同时，模型满足加总性、齐次性和对称性条件。

④NBR 模型。Neves（1987）认为 Rotterdam 模型中的交叉价格项应为可变项，并利用一阶微分 AIDS 模型中的价格项 $\psi_{ij} - w_i(\eta_{ij} - w_j)$ 替代 Rotterdam 模型中的 λ_{ij} 得到 NBR 模型。模型表达式如式 2-4：

$$w_i d\log q_i = c_i + \gamma_i d\log Q + \sum_j [\psi_{ij} - w_i(\eta_{ij} - w_j)]d\log p_i + \sum_s \rho_{is}D_s$$

$$(2-4)$$

$$i,j=1,2,\cdots,n \quad s=1,2,3,4$$

⑤一般化需求模型（General Model）。从前面分析可知，Rotterdam 模型、CBS 模型、AIDS 模型和 NBR 模型具有相同的因变量 $w_i d\log q_i$ 和自变量 $d\log Q$、$d\log p_i$，因此可视为参数估计方式不同的需求模型系统。其中 Rotterdam 模型和 NBR 模型中的边际支出份额 γ_i 被假设为固定的常数，但一阶微分 AIDS 和 CBS 模型中的边际支出份额被假定为非常数（$\mu_i + w_i$）；同时，Slutsky 项在 Rotterdam 模型和 CBS 模型中被假定为固定的常数 λ_{ij}，但在一阶微分 AIDS 模型和 NBR 模型中被假定为非常数 $\psi_{ij} - w_i(\eta_{ij} - w_j)$。为了能够将四种模型嵌套于同一个模型中，Barten（1993）提出了一般化需求模型（General Model）。模型表达式如式 2-5：

$$w_i d\log q_i = c_i + (\nu_i + \kappa_1 w_i)d\log Q + \sum_{j=1}^n [\psi_{ij} - \kappa_2 w_i(\eta_{ij} - w_j)]d\log p_i + \sum_s \rho_{is}D_s$$

$$(2-5)$$

$$i,j=1,2,\cdots,n \quad s=1,2,3,4$$

General 模型需满足加总性：$\sum_{i=1}^n \nu_i = 1 - \kappa_1$，$\sum_{i=1}^n \psi_{ij} = 0$；齐次性：$\sum_{j=1}^n \psi_{ij} = 0$，

对称性：$\psi_{ij} = \psi_{ji}$。当 $\kappa_1 = 0$ 且 $\kappa_2 = 0$ 时，General 模型变换为 Rotterdam 模型；当 $\kappa_1 = 1$ 且 $\kappa_2 = 0$ 时，General 模型变换为 CBS 模型；当 $\kappa_1 = 1$ 且 $\kappa_2 = 1$ 时，General 模型变换为 AIDS 模型；当 $\kappa_1 = 0$ 且 $\kappa_2 = 1$ 时，General 模型变换为 NBR 模型（lee et al.，1994）。

（2）模型选择和内生性检验。模型构建的目的是能够将理论假设和观测数据紧密结合，并用观测数据验证理论分析和研究假设。但由于能够和观测数据良好拟合的模型可能存在多个，为能够选择研究所需的最优模型，国内外一般采用卡方检验、F 检验、非嵌套假设检验法、AC 合成模型法等进行模型选择（Bentler and Bonnett，1980；柳恒超等，2007）。Barten（1993）和 Brown 等（1994）认为需求系统中对 Rotterdam 模型、CBS 模型、一阶微分 AIDS 模型、NBR 模型和 General 模型这 5 种模型的选择是一个实证的过程，对于满足齐次性和对称性且具有嵌套关系的模型，文献中多用似然比检验 LRT 来选择模型。模型的选择检验似然比值为 General 模型与 Rotterdam 模型、CBS 模型、AIDS 模型和 NBR 模型的似然函数对数值之差的两倍（Lee et al.，1994），即 $LRT = 2[\log L(\tau^*) - \log L(\tau)]$，其中 τ^* 为无约束限制时的参数估计向量，即 General 模型的参数估计向量；τ 为有约束限制时的参数估计向量，即其他四种嵌套模型的参数估计向量。同时，似然比检验值服从卡方分布 $\chi^2(n)$，n 为加以约束限制的个数，自由度为有约束限制模型与无约束限制模型所需估计的参数个数之差。

对需求系统模型内生性的检验是为了排除需求模型系统内 5 个模型的自变量（$d\log Q$）与误差项之间的相关关系，即 $d\log Q$ 可能内生于模型中。Theil（1976）提出的检验方法为：以模型估计而得的参数 π_{ij} 为自变量，构建 $\text{cov}(\varepsilon_i \varepsilon_j) = \alpha \pi_{ij}$ 函数，采用最小二乘法进行估计，如果 α 的估计值显著异于 0，则说明 $d\log Q$ 外生于模型，自变量不存在内生性，反之亦反。

（3）弹性结果及分析。微观经济学中的弹性分析理论主要用来分析消费者和生产者对价格变动的反应程度，通常用来定量描述各经济变量之间的关系。依据所选择的需求系统模型的估计参数和消费者的平均支出份额，可通过以下公式对消费者支出弹性、需求价格弹性进行测算。

需求支出弹性是用来衡量消费者对一种商品的需求量对其支出变化的反应程度或灵敏程度的指标，表示消费者支出水平变化百分之一所引起的某种商品需求量变化的百分比。当模型选择结果为 Rotterdam 模型或 NBR 模型时，支出弹性计算公式为：$E_i^z = \gamma_i / \overline{\omega}_i$；当模型选择结果为 CBS 模型或 AIDS 模型时，支出弹性计算公式为：$E_i^z = \mu_i/\overline{w}_i + 1$；当模型选择结果为 General 模型时，支出弹性计算公式为：$E_i^z = \nu_i/\overline{w}_i + \kappa_1$。

需求自价格弹性是用来衡量消费者对某一种商品的需求量相对该种商品自身价格变化的反应程度或灵敏程度的指标，表示商品自价格变化百分之一所引起的该商品需求量变化的百分比；需求的交叉价格弹性是用来衡量消费者对一种商品的需求量相对其他商品价格变化的反应程度或灵敏程度的指标，表示一种商品价格变动百分之一所引起的其他商品需求量变动的百分比。Slutsky 补偿价格弹性的测算如下，当模型选择结果为 Rotterdam 模型或 CBS 模型时，价格弹性计算公式为：$e_{ij} = \lambda_{ij}/\overline{w}_i$；当模型选择结果为 NBR 模型或 AIDS 模型时，价格弹性计算公式为：$e_{ij} = \psi_{ij}/\overline{w}_i - \eta_{ij} + \overline{w}_j$；当模型选择结果为 General 模型时，价格弹性计算公式为：$e_{ij} = \psi_{ij}/\overline{w}_i - \kappa_2 \eta_{ij} + \kappa_2 \overline{w}_j$。且当计算公式中的 $i=j$ 时，表示自价格弹性，当 $i \neq j$ 时，表示交叉价格弹性。

依据微观经济学理论，进口苹果的需求价格弹性值可能分为 5 种情况：①当弹性值大于 1 时，称为富于弹性或有弹性，即需求量的变化幅度大于价格因素的变化幅度，说明进口苹果价格变化较小的幅度就会引起其需求量较大的变化。一般而言，需求越有弹性则需求曲线越平坦。②当弹性值小于 1 时，称为缺乏弹性或弹性不足，即需求量的变化幅度小于价格因素的变动幅度，说明进口苹果价格变化较大的幅度只会引起其需求量较小的变化。③当弹性值等于 1 时，称为单位弹性，即需求量的变动幅度与价格的变动幅度相同。④当弹性值趋近于无穷时，称为完全弹性，即需求量的变化幅度远远大于其价格的变化幅度，表明进口苹果价格变化较小的幅度会引起需求量变化无穷大。⑤当弹性值等于 0 时，称为完全无弹性，即价格的变化不会引起需求量的变化，表明进口苹果价格变化不会引起其需求量变化。

一般而言，影响进口苹果市场需求的因素主要包括：①进口苹果的价格，进口苹果价格越高，消费者对进口苹果的消费需求越小；进口苹果价格越低，消费者对进口苹果的消费需求越大。②消费者的收入水平越高，对中高端苹果的消费需求量越大，但对低端苹果的消费需求量减少。反之，则对中高端苹果的消费需求量减少，对低端苹果的消费需求量增加。③消费者对进口苹果的消费偏好越强，则对进口苹果的需求量越大，反之亦反。④与某国进口苹果具有互补性的产品的价格上升或下降时，该国进口苹果的需求量会相应减少或增加，即交叉价格弹性为负值；与某国进口苹果具有替代性的产品的价格上升或下降时，该国进口苹果的需求量会增加或减少，即交叉价格弹性为正值。⑤当消费者预期进口苹果的价格会上升时,进口苹果的短期需求量会相应增长,反之,当消费者预期进口苹果的价格即将下降时,进口苹果的短期需求量会相应减少。

2.2.3   中国进口苹果消费行为理论

消费者行为是指消费者以货币、信用或其他方式的支出而获得所需商品或劳务时表现出的反应与活动,所描述的是消费者的购买决策以及使用和处置所购买产品和服务的过程,消费者行为的研究包括对购买决策和消费行为影响因素的分析两个方面。进口苹果消费行为作为消费者行为的一种,其研究范围亦包括消费者进口苹果的购买决策与其影响因素两个方面。

2.2.3.1   进口苹果购买决策过程

市场营销学研究结果表明,消费者在购买产品时,一般遵循如图 2-1 所示的 5 个步骤来进行:①需求确认,当消费者的实际需求与欲望需求之间存在不平衡时就会引发需求确认。通过营销手段使中国消费者认识到现实状况和欲望需求之间的不平衡,通过调查了解消费者对进口苹果的消费偏好,运用广告和促销活动提供进口苹果需求刺激,从而提供适合不同消费群体的进口苹果。②信息检索,消费者通过信息检索过程搜索市场可供选择的进口苹果,确定果品购买集合,为进一步决策提供依据。信息检索包括内部信息检索和外部信息检索。内部信息检索是指在记忆中已储存的关于进口苹果的信息,主要来源于以往对进口苹果的购买体验。外部信息检索包括以家庭、朋友等个人信息检索和地方食品监督机构、水果评级机构等公共信息为代表的非营销控制的信息检索,以及以大众传媒广告等为代表的营销控制的信息检索。③评估决策,消费者在获取信息并且构造了进口苹果的待选集合后,利用储存在记忆中的信息以及外部渠道获得的信息,构建进口苹果的评估标准。市场营销学中有三种方法可以缩小产品备选集合中的选择范围,一是选择进口苹果的某一属性,删除备选果品集合中不符合标准的果品;二是对进口苹果的某一属性(规格、颜色等)设定界限,删除果品集合中不符合所设定的上限和下限的果品;三是按照消费者对进口苹果选择时所考虑的各种自身属性和其他性能的重要性程度高低进行排序,然后对某一进口苹果在最为重要的性能上的表现进行评估。④实际购买,当消费者对备选果品进行评估之后,即决定是否购买进口苹果及购买何种产品。⑤购买后行为,消费者实际购买进口苹果时,期望能从所购买的进口苹果获得预期的效用,当人们意识到其评价与购买行为不一致时,其内心所产生的压力，称为认知差异。消费者一般通过搜索进口苹果的正面信息及退换等方法为其购买决策进行辩解，降低认知差异。

2.2.3.2　消费者行为的影响因素

20 世纪以来，以库尔特．卢因为代表的美国社会心理学家试图通过研究人类行为，揭示行为现象背后的一般规律，提出了著名的卢因行为模型。

卢因行为模型表示为：$B=\theta(P,E)$

式中，$P=P_1,P_2,\cdots,P_N$；$E=E_1,E_2,\cdots,E_N$；

其中，B 代表个人的行为；P 代表个人的内在条件和特征，$P_1,P_2,\cdots,P_N$ 为构成内在条件的各种生理和心理因素，如生理需要、生理特征、能力、气质、性格、态度等；E 代表个人所处的外部环境，$E_1,E_2,\cdots,E_N$ 为各种环境因素，如自然环境、社会环境等。该模型表明，人类行为是个人和环境相互作用的产物，主要受个人内在因素和外部环境因素这两类因素的影响和制约。消费者行为是人类行为的重要组成部分，因而卢因关于人类行为模型及其基本影响因素的研究，同样适用于进口苹果消费者行为及其影响因素分析。

（1）影响消费者行为的个人内在因素。庄道鹤（1998）和江林（2002）等研究发现影响消费者行为的个人内在因素主要包括消费者的生理及心理活动。生理因素是指消费者的生理需求、生理特征、健康程度、生理机能健全程度等，是对消费者行为影响最为直接的因素，其中，生理需要主要包括人们的衣、食、住、行等方面的要求；生理特征主要包括性别、年龄、体型、适应性、抵抗力、灵敏性等特征，生理特征的差异引起不同的消费需求，从而导致不同的消费者行为。心理因素是指消费者的心理过程和个性心理两个方面，是对消费者行为具有支配性影响的因素。其中，心理过程是指消费者行为的心理活动的动态过程，主要包括认识、情感、意志等三个相互联系的具体过程；个性心理是指消费者之间不同的心理特点和风格，主要包括兴趣、爱好、需要、动机、信念和价值观等。

（2）影响消费者行为的外部环境因素。影响消费者行为的外部环境主要分为自然环境因素和社会环境因素。自然环境因素主要包括地理区域、气候条件和理化环境等因素，其中，地理区域因素主要有经纬度、地形、地貌、南方与北方、城市与农村、内陆与沿海、高原山地与平原水乡，这些差异导致消费者的生活习惯和消费需求存在差异；气候条件因素主要包括气压、日照、气温、降水等因素，地域性的全球性的气候条件均较大程度上制约消费者的消费行为；理化环境主要是指由人为因素造成的消费者生存空间中空气、水、噪声等的状况，理化环境的优劣直接关系到消费者的身心健康，因而对消费行为有重要影响。

与自然环境因素相比，社会环境因素对消费者行为的影响更为直接，消费者在购买新的产品或服务时，由于缺乏对产品属性和相关信息的了解，需要寻求他人评价作为购买产品的指导意见。综合来看，社会环境因素主要包括人口环境、社会环境、社会群体、经济环境、政治法律环境、科技环境和文化环境。其中，人口环境主要包括人口数量、人口密度、人口分布、年龄、性别、职业、民族和人口素质等；社会群体环境主要包括消费者所处的家庭、社会阶层、社会组织、参照群体等；经济环境因素主要包括宏观经济环境与微观经济环境，具体来说就是从国家经济政策、政府宏观调控、国民经济发展状况、市场供求总量及其构成等各种宏观经济因素，到企业的产品设计、加工制作、广告宣传、销售服务，以及商品款式、质量、价格、包装等微观经济因素都会对消费者行为产生直接影响；政治法律环境主要包括国家政体、社会制度、政府更迭、社会稳定性以及相关法律法规等因素，这些因素直接或者间接地影响消费者的消费心理，进而影响其消费行为；科技环境因素对消费者的消费方式和消费内容产生了重要的影响，使人们的消费活动不受时间和空间的限制，同时能够选择不同档次、不同性能、不同价格和不同品牌的产品；文化环境因素主要包括文化背景、宗教信仰、道德观念、风俗习惯以及社会价值标准，在不同国家、地区、民族区域，不同的文化环境因素导致消费者的消费观念和消费方式会出现明显的差异。

就进口苹果消费行为而言，苹果消费作为人们日常消费行为中的一种，其消费行为同样遵循一般的消费购买决策过程，即包括进口苹果的消费确认、消费者对进口苹果的信息检索、进口苹果的评估决策、进口苹果的实际购买和进口苹果的购买后行为五个方面。且依据市场营销理论和卢因行为模型，进口苹果消费者的个人内在因素、消费者所处的外部环境因素对消费者进口苹果的消费决策过程具有影响。综上理论分析，本书中进口苹果消费行为理论模型如图 2-1 所示。

2.2.4　中国进口苹果市场细分理论

2.2.4.1　进口苹果市场细分

进口苹果市场细分是指依据进口苹果消费者的需求欲望、购买行为差异，

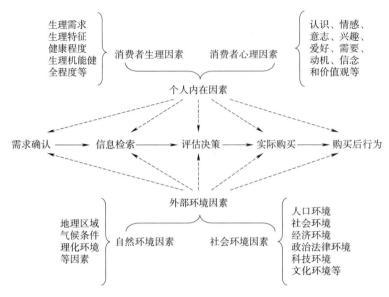

生理需求
生理特征
健康程度
生理机能健
全程度等

认识、情感、
意志、兴趣、
爱好、需要、
动机、信念
和价值观等

消费者生理因素　　消费者心理因素

个人内在因素

需求确认　→　信息检索　→　评估决策　→　实际购买　→　购买后行为

外部环境因素

地理区域
气候条件
理化环境
等因素

人口环境
社会环境
经济环境
政治法律环境
科技环境
文化环境等

自然环境因素　　社会环境因素

图 2 - 1　进口苹果消费行为理论模型

将进口苹果市场分解成合乎逻辑的、比较相似的、可以明确划分的小块的过程，其目的是使进口苹果供应商能够调整果品供给结构，从而满足多个细分市场的需求。

　　成功的进口苹果市场细分具有四个重要的特征：一是充分性，进口苹果细分市场必须具备一定的消费潜力，以保证供应商所提供的进口苹果在该细分市场具有商业意义。二是可识别性和可测量性，进口苹果细分市场必须是可识别的，其规模是可测量的。地区中的人口总量、不同年龄阶段的人口数量、社会特征和人口统计特征能为测量进口苹果细分市场规模提供具体的数据。三是可进入性，进口苹果供应商须制定专门化的果品组合来接触细分目标市场的消费者成员，确保消费者能够感受到营销的努力。四是反应性，虽然进口苹果供给市场可以采用各种符合逻辑的标准来进行市场细分。但须确保该细分市场内的消费者对进口苹果的反应区别于其他细分市场的消费者。

2.2.4.2　进口苹果市场细分的基础

　　进口苹果市场细分的基础是指能够将市场进行细分的个体、群体和组织的特征。市场细分的关键是确定大量的、可度量的和可触及的细分市场划分基础。市场细分基础可以是单变量的，也可以是多变量组合的形式，其中，单变量的优点是简单、便捷，缺点是不够精确；多变量组合的优点是细分市场规模较小、更为精确，缺点是操作程序复杂、部分二级数据不易得到。

　　进口苹果市场细分作为消费者市场细分的一种，其细分基础主要包括四个方面（表 2-1）：①地理细分，是指按照国家或世界区域、市场容量、市场密度或气候细分市场。该细分基础能够依据电算化的结账方式判断地区性的进口苹果品牌偏好程度，从而推出新的地域品牌，有助于在竞争激烈的市场环境中开发新的进口苹果消费人群。②人口和社会经济因素，人口信息和社会经济因素是细分进口苹果消费者市场的重要依据，它具有广泛的有效性和适用性，并且往往与消费者购买和消费行为相联系。③心理因素，是指按照进口苹果消费者的个性、动机、生活方式等进行市场细分，心理细分的变量可以单独使用也可以与其他变量组合使用。④购买行为因素，是指按照消费者购买或食用进口苹果的时间、数量、频率等来细分市场。购买行为因素区别于其他因素的是它是按照潜在消费者的进口苹果需求而不是按照年龄、性别或地域特征来划分进口苹果消费群体。

表 2-1　进口苹果消费者市场细分基础

细分基础	细分变量
地理因素	国家、区域、城市、乡镇、地形、气候、人口密度、交通运输和通信条件等
人口和社会经济因素	性别、年龄、家庭结构、家庭生命周期、收入、职业、文化教育水平、宗教信仰、种族、国籍、社会阶层等
心理因素	生活方式、生活态度（保守或激进）、自主能力、服从权力、领导能力、成就感等
购买行为因素	购买动机、购买频率、使用习惯、偏爱程度、品牌忠诚度、敏感因素（产品质量、价格、服务、广告、促销方式、包装）等

2.2.4.3　进口苹果市场细分的步骤

　　进口苹果的市场细分是一个动态的过程，进行市场细分的目的都是为了识别市场机遇。图 2-2 显示的是进口苹果市场细分的具体步骤：①选择市场或产品种类以供研究。一般而言，所要研究的市场或产品种类可以为已参与竞争的市场或产品种类，或是相关的市场或产品种类，或是全新的市场或产品种类（Lamb et al.，2002；文贤，2002）。就本书而言，进口苹果为所选取的细分产品。②选择细分市场的基础和主题。该部分需要进口苹果供给者具有较好的洞察力、创造力以及对进口苹果市场的了解，确保所选择的细分市场基础能够满足成功的市场细分所具备的特征。确定细分市场基础后，进口苹果供给者应在市场细分基础范围内确定进口苹果的市场细分主题，依据主题来确定市场细分变量。③分析细分市场消费行为。对细分市场的分析主要包括进口苹果细分市场的大小、预期增长率、购买频率、品牌忠诚度、潜在的利润。④选择目标市场。选择目标市场是市场细分的自然结果，但并不是市场细分过程的组成部分，对进口苹果供给者的营销具有重要的影响。⑤选择、实施和维持适当的进口苹果营销组合。通过合理的定价策略，形成与目标市场进口苹果消费者之间相互满意的交换关系。

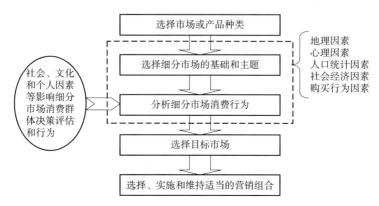

图 2-2　市场细分基础上的消费行为分析框架

综上理论分析，本书细分市场进口苹果消费行为理论模型如图 2-2 所示。本书的研究侧重分析不同细分市场进口苹果消费群体的消费行为特征和影响因素，从消费视角，解读国产苹果和进口苹果、不同来源国进口苹果在中国苹果市场上的比较优势，而对进口苹果营销的目标市场选择和营销组合确定不做详细的分析。因此，本书的范围界定为图 2-2 中虚线框标注部分，即研究个人、社会和文化因素等对不同细分市场消费群体进口苹果消费行为的影响。

2.3　本章小结

本章根据国内外经典贸易和需求理论的研究成果，通过分析中国苹果进口贸易的特点，结合国内需求状况和贸易竞争优势理论，从国内需求和消费行为视角，设计构建中国苹果进口贸易的分析框架，揭示中国苹果进口贸易产生的影响机理。规范分析表明，本章确立的研究视角、相关理论分析框架和相应的研究方法，能够满足中国苹果进口贸易的研究需要。

第3章　中国苹果进口贸易特征分析

3.1　中国苹果进口趋势特征

3.1.1　中国苹果进口规模

20世纪90年代以来，中国苹果进口量呈现波动上升趋势，进口额则呈现持续增长趋势。联合国贸易统计数据显示，苹果进口量由1992年的0.07万吨增长到2012年的6.15万吨，进口金额由70.95万美元增长到9 234.20万美元。20年间，中国苹果的进口量增长了86.86倍，进口金额增长了129.15倍，年均增长率分别为25.08%和27.56%（图3-1）。2002—2006年，中国苹果进口数量虽然由5.06万吨下降至2006年的3.11万吨，但进口金额却呈现小幅增加的趋势，由2002年的2 244.05万美元增加至2006年的2 527.75万美元，增幅12.64%。2006年之后，随着国内要素价格上涨，生产成本增加，苹果进口量和进口金额逐年增加，2006—2011年中国苹果进口量由3.11万吨增长至7.71万吨，进口金额由2 527.75万美元增长至11 570.63万美元，年均增长率分别达到19.93%和35.57%。2012年由于受世界水果减产的影响，加之国内苹果丰收，部分优质果品滞销，导致中国苹果进口规模有所下降，进口数量和金额同比降低20.21%和20.23%。

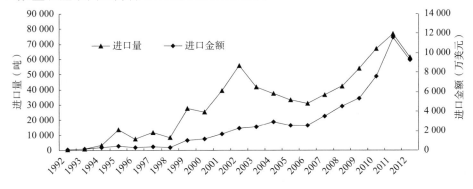

图3-1　1992—2012年中国苹果进口变化趋势

数据来源：联合国贸易统计数据库（1992—2013）。

1992—2012 年中国苹果进口数量和金额的环比增长情况如图 3-2 所示。总体来看，20 世纪 90 年代中国苹果进口规模波动较大，进口数量的增加幅度区间为－44.29％～299.83％，进口金额的增加幅度区间为－34.08％～266.01％。其中，进口数量环比增长最快的年份为 1995 年，达到 299.83％，其次为 1994 年和 1999 年，进口数量环比增长速度分别达到 227.82％和 219.46％；进口金额环比增长最快的年份为 1999 年，达到 266.01％，其次为 1993 年和 1994 年，进口金额环比增长速度分别达到 105.50％和 87.24％；进口数量和金额环比降低最快的年份为 1996 年，下降幅度分别达到－44.29％和－34.08％，其次为 1998 年，进口数量和金额的下降幅度分别为－25.60％和 19.69％。2000 年之后，中国苹果进口规模的波动幅度相对平稳，进口数量的变动幅度区间为－20.21％～54.55％，进口金额的变动幅度区间为－20.23％～52.46％。其中，进口数量环比增长最快的年份为 2001 年，增长率达到 54.55％，其次为 2002 年，增长率为 42.27％；而进口金额环比增长最快的年份为 2011 年，增长率达到 52.46％，其次为 2001 年，增长率为 52.46％；进口数量减少最大的年份为 2003 年，下降幅度为－25.87％，其次为 2012 年，下降幅度为－20.21％，而进口金额减少最大的年份为 2012 年，下降幅度为－20.23％，其次为 2005 年，进口金额下降幅度为－13.56％。

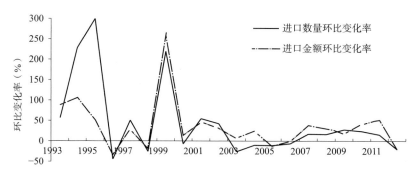

图 3-2　1993—2011 年中国苹果进口数量和金额环比变化率
数据来源：联合国贸易统计数据库（1992—2013）。

3.1.2　中国苹果进口价格

1992—2012 年中国苹果进口价格变化情况如表 3-1 所示。总体来看，进口苹果价格呈现 U 形变化，价格水平的变化大体经历了两个阶段：第一阶段为 1992—1995 年，这一时期随着进口量的增加，进口苹果价格呈下降趋势，价格变化区间为 0.30～1.27 美元/千克。其中，1995 年的价格下降幅度最大，同比差价为－0.49 美元/千克，降幅达－62.03%。第二阶段为 1996—2012 年，这一时期除少数年份（1997 年、2001 年、2002 年、2006 年和 2010 年）同比价格略有下降之外，其他年份进口苹果价格呈现波动上升趋势，16 年间，进口苹果价格增长了 3.17 倍，价格变化区间为 0.30～1.50 美元/千克，年均增长率为 9.33%。其中，2004 年的价格上升幅度最大，同比差价为 0.17 元/千克，增幅达 42.52%，其次为 2005 年和 2012 年，进口苹果同比差价分别为 0.22 美元/千克和 0.36 美元/千克，增幅分别为 38.60% 和 31.58%。虽然 2002—2006 年苹果进口数量降幅较大，但由于世界苹果产量、运输和储存费用及进口苹果与国产苹果的质量、季节供应差异性等原因导致这一时期中国苹果进口价格水平稳中有升，进口苹果价格增长了 92.50%，价格变化区间为 0.40～0.79 美元/千克，年均增长率达到 17.79%。

表 3-1　1992—2012 年中国苹果进口价格变化

单位：美元/千克

年份	进口单价	同比差价	同比增长	年份	进口单价	同比差价	同比增长
1992	1.06	—	—	2002	0.40	－0.03	－6.98%
1993	1.27	0.21	19.81%	2004	0.57	0.17	42.50%
1994	0.79	－0.48	－37.80%	2005	0.79	0.22	38.60%
1995	0.30	－0.49	－62.03%	2006	0.77	－0.02	－2.53%
1996	0.36	0.06	20.00%	2007	0.81	0.04	5.19%
1997	0.30	－0.06	－16.67%	2008	0.95	0.14	17.28%
1998	0.33	0.03	10.00%	2009	1.07	0.12	12.63%
1999	0.37	0.04	12.12%	2010	0.99	－0.08	－7.48%
2000	0.46	0.09	24.32%	2011	1.14	0.15	15.15%
2001	0.43	－0.03	－6.52%	2012	1.50	0.36	31.58%

数据来源：联合国贸易统计数据库（1992—2013）。
注：因 2003 年数据缺乏，表中未列出。2004 年同比差价及同比增长为与 2002 年相比较。

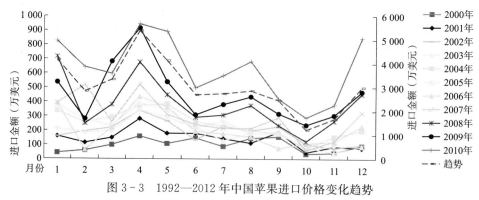

图3-3　1992—2012年中国苹果进口价格变化趋势

数据来源：联合国贸易统计数据库（1992—2013）。

3.1.3　中国苹果进口季节分布

苹果是典型的鲜活农产品，其生产和贸易受生产周期、气候、物流仓储等条件的影响，呈现季节性变化的特征。图3-4中国苹果进口规模季节变化趋势显示，中国苹果进口在季节上具有较强的集中性，进口高峰时间集中于每年3～5月份和12月份至翌年1月份两个时间段，占全年苹果进口总量的比重分别为35.67％和18.26％。这种季节结构分布与中国优质苹果品种结构单一和生产成熟期季节集中性密切相关，中国苹果主要以富士苹果为主，其产量约占全国苹果总产量的65％，成熟期集中于每年8月下旬至10月下旬。苹果主产省山东省富士面积和产量分别占全省70.21％和76.18％；陕西省富士苹果面积和产量占全省70％左右，其中，延安和洛川地区富士苹果规模占比甚至达到85％左右；其他苹果主产区河南、河北、甘肃、山西、辽宁的富士品种比例也占其苹果生产总量60％以上，元帅系、嘎拉系、红王将、乔纳金等早中熟品种主要作为搭配品种零星分布于黄土高原优势区和渤海湾优势区，其产量占全国苹果总产量不足15％，商品果率仅30％（苹果产业技术体系，2013；苹果优势区域布局规划，2008）。因此，进口苹果恰好能够与国产苹果形成成熟季节、品种和苹果品质的互补性。

图3-5描绘了2000年1月—2012年12月中国苹果进口单价月度变化趋势，整体来看，与中国苹果进口量U形波动趋势不同，中国苹果进口单价呈现显著的连续上升趋势。从月度变化来看，中国苹果进口单价除12月至翌年1月及4月份平均价格略高之外，其他月份价格变化比较均匀。这与中国在主要来源国不同月份之间苹果进口数量和进口价格变化有关。

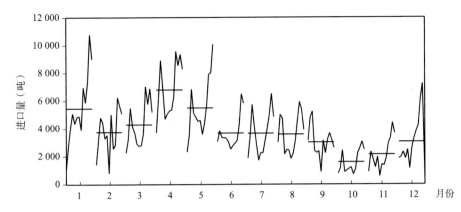

图 3-4 2000 年 1 月—2012 年 12 月中国苹果进口规模季节变化趋势

数据来源：中国海关总署数据（2000—2013）。

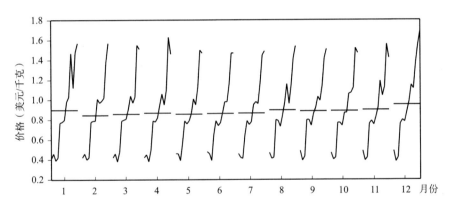

图 3-5 2000 年 1 月—2012 年 12 月中国苹果进口单价季节变化趋势

数据来源：中国海关总署数据（2000—2013）。

为了能够更加清晰地了解中国苹果进口总量和单价变化趋势，将主要来源国的进口规模变化趋势描述为图 3-6。

从图 3-6 可以看出，智利苹果的进口量变化趋势与中国苹果进口总体变化趋势最为接近，进口时间集中于 12 月到翌年 6 月，占全年苹果进口总量的比重为 67.86%。新西兰苹果进口量变化趋势与中国苹果进口总体变化趋势在每年 3—7 月份较为接近，进口规模最大，占全年苹果进口总量的 75.72%，但新西兰苹果在 12 月至翌年 2 月的进口量为全年最小，进口量比重仅占全年苹果进口总量的 2.64%，总体来看，新西兰苹果进口规模呈现下降趋势。美国苹果进口量月度变化趋势总体上呈 U 形，在 3—6 月与中国苹果进口总体变

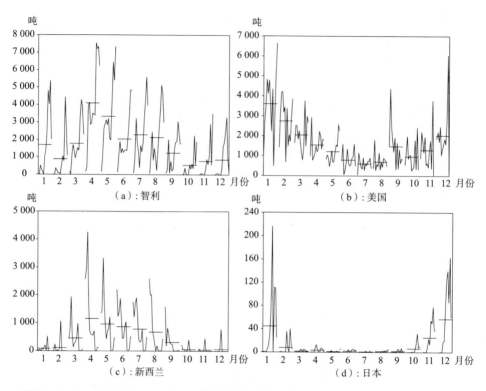

图 3-6　2000 年 1 月—2012 年 12 月中国主要进口来源国苹果进口规模季节变化趋势
数据来源：中国海关总署数据（2000—2013）。

化趋势恰好相反呈现快速下降趋势，但在 12 月至翌年 2 月的变化趋势与中国总体变化趋势相似呈现上升趋势，进口量占全年苹果进口总量的 44.23%。日本苹果进口量的月度集中程度最高，主要集中于 11 月至翌年 2 月，这 4 个月的进口量占全年进口总量的 89.44%，其他月份进口量均较小，进口量占全年进口总量的 10.56%。

3.1.4　中国苹果进口趋势分解

时间序列趋势是指某种现象在一段较长的时间内，由于普遍的、持续的、决定性的基本因素以及随机性因素的作用所表现出的变化特征。一般认为，一个时间序列包含 4 种变动因素：①长期趋势（T），表示序列值随时间逐渐增加、减少或不变的长期发展趋势；②季节趋势（S），表示由于受到季节因素或某些习俗的影响，而出现的有规则的变化规律；③循环性趋势（C），表示序列取值沿着趋势线有如钟摆般循环变动的规律；④不规则趋势（T），时间序列趋势分解是将时间序列中的四种变动趋势分别分解，并加以分析的过程。其中，长期趋势、季节趋势和循环趋势均受到规则因素的影响，而不规则趋势是随机性的，其发生原因有自然灾害、天气突变、人为的意外因素等（克莱尔等，2008；王燕，2008）。

从前文的进口规模和季节分布特点分析中可以推断，中国苹果进口存在长期趋势特征和季节变化趋势。本节利用季节分解模型对2000年1月—2012年12月的中国苹果进口月度数据进行分析，以了解中国苹果进口数量和金额的变化规律。季节分解结果如图3-7所示。

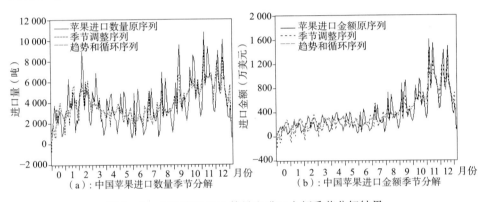

图3-7 中国苹果进口数量和进口金额季节分解结果

图3-7描绘了中国苹果进口数量和金额的原始序列、趋势循环序列和季节调整序列的趋势线，其中苹果进口数量和金额去除季节和误差因素后的趋势循环序列表现出明显的趋势性。但在季节调整方法中，时间序列的趋势和循环要素视为一体不能分开，因此本书采用 Hodrick - Prescott 滤波方法（HP 滤波方法）将时间序列的趋势和循环要素进行分解。HP 滤波方法将经济周期看成是宏观经济对某一缓慢变动路径的一种偏离，增大了经济周期的频率，使周期波动减弱，其基本原理为：设 $\{Y_t\}$ 为包含趋势成分和循环成分的时间序列，$\{Y_t^T\}$ 为趋势序列，$\{Y_t^c\}$ 为循环序列。

则： $$Y_t = Y_t^T + Y_t^c, \quad t = 1, 2, 3, \cdots, T \qquad (3-1)$$

中国苹果进口数量和金额的趋势循环分解结果如图3-8所示。为能够进一步分析中国苹果进口随时间变化的趋势并预测未来的发展态势，本书将剔除了循环成分的趋势序列 $\{Y_t^T\}$ 进行进一步分析。一般而言，时间数据序列趋势方程的选择包括两种方法：一是作散点图，从图形看为何种趋势线；二是以差分指标进行判断，若时间数列的一阶差分大体相同，则配合直线趋势方程。若时间数列的二阶差分大体相同，则配合二次曲线方程；若时间数列对数的一阶差分大体相同，则配合指数曲线方程。此外，趋势方程中各参数的估计方法主要是分段平均法和最小二乘法。在分析中国苹果进口数量和金额的趋势序列时发现，中国苹果进口数量长期趋势分析应配合二次曲线方程，而进口金额应配合直线趋势方程。模型结果如下：

$$Y_{quality}^T = 3344.62 - 16.73t + 0.23t^2 \qquad (3-2)$$
$$(22.89)(-3.89)(8.55)$$

$$Y_{amount}^T = -26.33 + 5.04t \qquad (3-3)$$
$$(-1.96)(30.65)$$

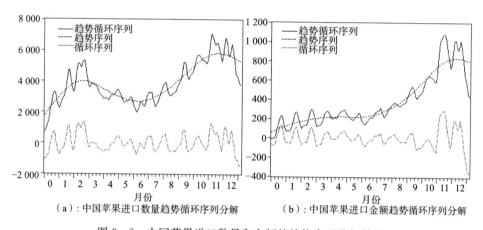

（a）：中国苹果进口数量趋势循环序列分解　　（b）：中国苹果进口金额趋势循环序列分解

图 3-8　中国苹果进口数量和金额的趋势序列分解结果

其中方程 $Y_{quality}^T$ 和 Y_{amount}^T 分别表示中国苹果进口数量和金额的趋势方程，括号内为 T 统计值，且均通过显著性检验。从模型结果来看，中国苹果进口数量虽保持上升，却呈现非线性增长态势，但中国苹果进口金额线性增长态势显著，时间变量系数为 5.04，说明现阶段中国苹果进口金额依然呈现高速增长态势，且进口金额的增长率（5.04）显著高于进口数量的增长率（0.23）（周井娟，2009）。

从图 3-8 中可以看出，剔除了趋势成分的中国苹果进口数量和金额的循环序列围绕趋势线上下波动，称为中国苹果的进口缺口，即中国苹果实际进口与潜在进口之差。本书采用相对量 GAP_t 测算中国苹果的进口缺口：

$$GAP_t = (Y_t - Y_t^T)/Y_t^T \times 100\% \qquad (3-4)$$

其中，Y_t^T 为时间序列的趋势成分，且由方程 3-4 可知，$(Y_t-Y_t^T)$ 即为时间序列的循环成分。本书将 2000 年至 2012 年各月度进口缺口测算结果经过加总得到每年度的进口缺口数据，结果如表 3-2 所示。

表 3-2　中国苹果进口数量和金额的进口缺口

单位：%

年份	中国苹果进口缺口		年份	中国苹果进口缺口	
	$GAP_{quality}$	GAP_{amount}		$GAP_{quality}$	GAP_{amount}
2000	−166.18	−78.56	2007	0.32	4.21
2001	4.20	2.72	2008	−93.94	−46.99
2002	216.58	10.67	2009	0.55	−92.07
2003	−83.81	−61.85	2010	28.26	−73.06
2004	−33.08	133.51	2011	108.95	216.93
2005	−6.42	−23.76	2012	−70.29	−65.93
2006	−81.87	−133.24			

2000 年之前，中国对水果进口实行较高的关税壁垒和严格的检验检疫措施，中国的苹果进口增长缓慢，进口缺口为负，即实际进口数量和金额均低于潜在进口规模。2001—2002 年，由于中国加入世界贸易组织，承诺逐步开放农产品市场，加之，2001 年中国允许智利和法国检验合格的苹果进入中国，导致苹果进口增长较快，进口缺口由负转为正，即实际进口数量和金额均高于潜在进口规模。2003—2006 年为中国苹果产业结构转型时期，部分国产优质苹果能够满足消费者对优质苹果的消费需求，导致这一时期进口缺口为负，即实际进口数量低于潜在进口数量。2007—2009 年，由于受到世界金融危机的影响，中国消费者购买能力下降，导致苹果进口减少，实际进口规模低于潜在进口规模。2010 年之后，中国经济形势持续好转，消费者购买力增强，苹果进口出现正的缺口。2012 年由于中国苹果主要进口来源地美国和欧盟国家苹果减产，导致中国实际苹果进口规模再次低于潜在进口规模，出现较大的进口缺口（高铁梅，2010）。

综上所述，根据中国苹果进口数量和金额的趋势回归分析结果，结合中国苹果进口数量和金额的进口缺口分析，可以认为，未来中国苹果进口贸易仍存在增长空间，且在中国苹果进口数量的增长速度低于进口金额增长速度的市场环境中，中国进口苹果的市场价格仍将持续升高。

3.2 中国苹果进口市场结构特征

3.2.1 中国苹果主要进口来源地时序变动分析

表 3-3 显示的是中国苹果进口总体时序变动情况。从表 3-3 中可以看出，进口量占历年中国苹果进口量的比重由大到小依次为智利、美国、新西兰和日本，源自 4 国的进口苹果占中国苹果进口总量的 90% 以上。

从主要来源地的进口数量来看，①1993—2012 年智利苹果历年累计进口总量为 28.46 万吨，占中国苹果历年累计进口总量的 42.01%。自 1997 年起，中国开始连续从智利进口苹果，进口量从 1997 年的 67.91 吨增加到 2012 年的 38 100.35 吨，年均增长率达 52.50%，虽然 2011—2012 年进口量有所下降，但进口比重仍分别达到当年中国进口总量的 57.32% 和 61.95%。②1992—2012 年美国苹果进口总量为 28.09 万吨，占中国苹果历年累计进口总量的 41.48%。1993—2011 年，进口量从 1992 年的 16.72 吨增加到 2011 年的 31 807.55 吨，年均增长率达 52.12%，但 2012 年，中国进口美国苹果下降为 19 716.32 吨，进口比重仅占当年中国进口总量的 32.03%。③1992—2012 年新西兰苹果进口总量为 9.27 万吨，占中国苹果历年累计进口总量的 13.68%。总体上，中国进口新西兰苹果数量波动幅度较大，进口量最高为 2002 年的 15 862.44 吨，其次为 2000 年的 12 790.40 吨。④1992—2012 年日本苹果进口总量为 1.52 万吨，占中国苹果历年累计进口总量的 2.24%。2000—2012 年中国进口日本的苹果呈现稳定增加趋势，进口量由 0.53 吨增加到 54.09 吨，年均增长率达到 58.81%。

从主要来源地的进口单价来看，日本苹果单价最高，超出历年中国苹果进口均价 4.58 倍，且远远高于另外三个国家的苹果进口单价，其中进口单价最高的为 2000 年的 9.31 美元/千克，2001—2003 年和 2011—2012 年的进口单价次之，平均单价为 7.64 美元/千克。源自新西兰的进口苹果价格略高于源自智利和美国的苹果价格。因此，虽然智利和美国苹果在中国苹果市场具有数量上的绝对优势，但日本和新西兰苹果在中国市场上具有价格上的优势。

值得注意的是，2006 年以来以法国、澳大利亚为代表的其他国家或地区苹果进口量逐渐增加，进口比重由 2006 年的 0.19% 增加到 2012 年的 2.39%，进口单价也呈现稳定增长趋势（表 3-3）。但受到进口不连贯性及所占比重较小的制约，源自法国、澳大利亚等其他国家或地区的苹果进口量对中国苹果市场的影响较弱。

表 3-3　1992—2012 年中国苹果主要进口来源地数量和单价变化趋势

单位：吨、美元/千克

年份	智利		美国		新西兰		日本		其他国家或地区		中国总进口量	
	进口数量	平均单价	进口数量	平均单价	进口数量	平均单价	进口数量	平均单价	进口数量	平均单价	进口数量	平均单价
1992	—	—	16.72	0.38	87.04	1.78	16.50	0.71	550.53	0.97	670.79	1.06
1993	3.19	0.62	204.19	0.74	47.20	1.50	11.38	0.70	782.8	1.40	1048.76	1.27
1994	—	—	1251.38	0.49	1144.38	0.82	23.00	2.06	1019.27	1.11	3438.03	0.79
1995	16.02	0.41	6714.79	0.29	5392.65	0.32	3.88	1.33	1618.95	0.28	13746.29	0.30
1996	—	—	2221.31	0.33	1364.25	0.47	118.49	0.42	3953.66	0.33	7657.71	0.36
1997	67.91	0.30	5117.51	0.30	3441.44	0.30	1707.88	0.29	1207.52	0.32	11542.26	0.30
1998	34.51	0.36	4721.54	0.33	1658.19	0.31	82.05	0.43	2091.07	0.34	8587.36	0.33
1999	3385.06	0.38	14754.97	0.37	7849.95	0.39	137.25	0.40	1306.13	0.38	27433.36	0.37
2000	915.43	0.44	11750.10	0.46	12790.40	0.46	0.53	9.31	18.35	0.41	25474.81	0.46
2001	4528.55	0.43	26013.27	0.43	8795.81	0.44	0.68	7.76	32.22	0.43	39370.53	0.43
2002	18830.03	0.40	21277.08	0.41	15862.44	0.39	0.62	8.76	43.98	0.51	56014.15	0.40
2003	13244.79	0.58	18971.92	0.55	9267.87	0.59	1.09	7.36	37.99	0.35	41523.66	0.57
2004	12652.57	0.79	19484.50	0.78	5101.13	0.79	42.79	1.34	—	—	37280.99	0.79
2005	9691.11	0.76	20599.43	0.76	2837.05	0.78	76.52	1.38	0.01	9.40	33204.12	0.77
2006	14526.24	0.81	11557.35	0.80	4796.13	0.82	134.67	1.69	60.19	0.89	31074.58	0.81
2007	17338.38	0.93	14250.32	0.97	4515.37	0.87	291.76	2.95	—	—	36395.83	0.95
2008	20932.64	0.98	15939.19	1.11	4764.88	0.97	440.55	4.36	317.29	1.20	42394.55	1.07
2009	35478.02	1.01	18809.28	1.03	524.54	1.89	220.90	4.20	—	—	55032.74	1.04
2010	50678.48	1.06	15680.04	1.26	—	—	375.19	5.57	147.86	1.20	66881.57	1.14
2011	44188.08	1.43	31807.55	1.56	328.51	1.66	243.29	7.69	517.68	1.50	77085.11	1.50
2012	38100.35	1.41	19716.32	1.61	2162.88	1.88	54.09	6.63	1471.61	1.53	61505.25	1.50

数据来源：联合国贸易统计数据库（1992—2013），中国海关总署数据（1992—2013）。

3.2.2 进口市场集中程度及测算结果

国际贸易中对进口集中程度的分析主要采用进口集中度指数（CR）。集中度指数分析模型最早由哈佛大学教授梅森（Mason）与贝恩（Bain）于 20 世纪 30 年代提出，主要用于分析行业内处于前 M 位的企业的产值、产量、销售额、销售量、资产总额等所占市场份额的总和（中国农业科学院农业经济与发展研究所，2010）。此外，进口产品市场结构的另一个重要指标是进口市场集中度（CI 值），指进口国对某国/地区某种产品的进口额占进口国该商品进口总额的比例。进口贸易集中指数和市场集中度的模型可以进一步表述为：

$$CR_m = \sum_{i=1}^{m}\lambda_i / \sum_{i=1}^{M}\lambda_i \qquad (3-5)$$

$$CI_j = (q_{kj}/Q_k) \times 100\% \qquad (3-6)$$

式 3-5 中，λ_i 表示中国苹果进口来源地中进口规模为第 i 位国家的进口额，m/M 表示苹果进口来源地数量。式 3-6 中，k 表示进口苹果，j 表示苹果进口来源地，q_{kj} 表示中国从 j 国进口的苹果进口总额，Q_k 表示中国苹果进口总额。根据美国经济学家贝恩和日本通产省对产业集中度的划分标准，将产业市场结构划分为寡占型和竞争型两类（表 3-4）。

由于进口集中指数（CR）仅考虑进口额位于前列的苹果进口来源地的集中状况，并没有考虑所有苹果进口来源地的集中态势。因此，本书采用赫芬达尔指数（HHI）作为 CR 值的补充说明。赫芬达尔指数的模型可以进一步表述为：

$$H = f(S_i) = \sum_{i=1}^{n} S_i^2 \qquad (3-7)$$

式 3-7 中，H 为中国进口苹果的赫芬达尔指数，S_i 为从 i 国进口苹果所占中国苹果进口总额的比重。H 指数越大表明中国苹果进口市场集中度越高，反之，市场集中度越低。

表 3-4 贝恩市场集中度分类标准

市场结构　集中度	CR_4 值	CR_8 值
寡占 I 型	$CR_4 \geqslant 0.85$	—
寡占 II 型	$0.75 \leqslant CR_4 < 0.85$	$CR_8 \geqslant 0.85$

（续）

市场结构 \ 集中度	CR_4 值	CR_8 值
寡占Ⅲ型	$0.50 \leqslant CR_4 < 0.75$	$0.75 \leqslant CR_8 < 0.85$
寡占Ⅳ型	$0.35 \leqslant CR_4 < 0.50$	$0.45 \leqslant CR_8 < 0.75$
寡占Ⅴ型	$0.30 \leqslant CR_4 < 0.35$	$0.40 \leqslant CR_8 < 0.45$
竞争型	$CR_4 < 0.30$	$CR_8 < 0.40$

1992—2012 年中国苹果进口市场集中指数（CR）测算结果显示（表 3-5），中国苹果进口来源市场集中度较高，CR_4 的取值均超过 95%，年平均值达到 98.77%，部分年份的 CR_4 值达到 100%，表明中国苹果进口超过 95%的规模来自前 4 个进口国。依据贝恩市场集中度分类标准，近 20 年中国苹果进口来源地结构均属寡占Ⅰ型。

1992—2012 年中国苹果进口的 HHI 指数的取值范围为 0.25～0.58，国内 HHI 指数均值为 0.42，说明中国苹果进口市场集中度较高，根据 1980 年日本公正交易委员会发布的 HHI 指数分类方法，$HHI \geqslant 0.18$ 属于高寡占型市场，其中 $HHI \geqslant 0.30$ 属于高寡占Ⅰ型市场；$0.10 \leqslant HHI < 0.18$ 属于低寡占型市场；$HHI < 0.10$ 属于竞争型市场。从测算结果来看，除 1994 年中国苹果进口属于高寡占型市场外，其他年份均属于高寡占Ⅰ型市场，与采用 CR 指标分析结论相一致。

从中国苹果主要进口来源地的 CI 值来看，智利虽然作为中国最大的苹果进口来源地，但在 1998 年之前，其进口额占中国苹果进口总额的比重年均仅为 1.72%，2000 年，中智双方签署了《中华人民共和国国家出入境检验检疫局和智利共和国农业部关于智利苹果输华植物检疫要求的议定书》同意智利有关地区的苹果在议定书确定的检疫条件下输华。自此，智利苹果进口呈现快速上升趋势，CI 值由 2000 年的 3.48%增加至 2012 年的 58.25%，年均增长率达到 26.47%。

美国作为中国苹果进口的第二大国，其进口额占苹果进口总额的比重在 20 年间呈现显著波动的状态。在 1992—2001 年 CI 值表现为波动上升的趋势，由 0.09%增长至 65.90%，年均增长率为 25.35%，2002 年 CI 值快速下降为 38.71%之后又逐渐上升至 2005 年的 61.80%，2006—2012 年 CI 值变化稳定，均值为 37.04%。

表 3-5 1992—2012 年中国苹果进口市场集中指数

		1992年	1993年	1994年	1995年	1996年	1997年	1998年
CI	智利	0.00%	0.15%	0.00%	0.16%	0.00%	0.58%	0.45%
	美国	0.90%	11.31%	22.25%	47.73%	27.23%	44.67%	54.78%
	新西兰	21.81%	5.34%	34.41%	41.11%	23.61%	29.59%	18.36%
	日本	1.65%	0.60%	1.74%	0.12%	1.81%	13.97%	1.26%
	其他国家或地区	75.64%	82.60%	41.61%	10.88%	47.35%	11.18%	25.15%
CR_4		98.34%	95.13%	97.05%	99.00%	95.51%	96.42%	99.20%
HHI		0.58	0.44	0.25	0.41	0.31	0.31	0.40

		1999年	2000年	2001年	2002年	2003年	2004年	2005年
CI	智利	12.39%	3.48%	11.44%	33.70%	32.36%	34.18%	29.07%
	美国	52.58%	45.91%	65.90%	38.71%	44.40%	51.85%	61.80%
	新西兰	29.62%	50.51%	22.54%	27.47%	23.15%	13.77%	8.71%
	日本	0.53%	0.04%	0.03%	0.02%	0.03%	0.19%	0.42%
	其他国家或地区	4.87%	0.07%	0.08%	0.10%	0.06%	0.00%	0.00%
CR_4		95.71%	99.95%	99.93%	99.97%	99.95%	100.00%	100.00%
HHI		0.38	0.47	0.50	0.34	0.36	0.40	0.47

		2006年	2007年	2008年	2009年	2010年	2011年	2012年
CI	智利	46.75%	46.49%	45.59%	51.16%	70.91%	54.46%	58.25%
	美国	36.49%	39.75%	39.10%	40.57%	26.10%	42.78%	34.46%
	新西兰	15.65%	11.27%	10.22%	0.00%	0.00%	0.47%	4.42%
	日本	0.90%	2.49%	4.25%	2.06%	2.75%	1.62%	0.39%
	其他国家或地区	0.21%	0.00%	0.84%	6.21%	0.23%	0.67%	2.48%
CR_4		99.79%	100.00%	99.16%	100.00%	100.00%	99.53%	99.61%
HHI		0.38	0.39	0.37	0.48	0.57	0.48	0.46

数据来源：联合国贸易统计数据库（1992—2013），中国海关总署数据（1992—2013）。

新西兰苹果进口额在 1992—2000 年呈现波动增加的趋势，CI 值由 21.81% 增加至 50.51%，年均增长 11.07%，2000—2012 年 CI 值逐渐下滑，年均降低 22.51%。但由于新西兰进口绝对比重较高，仍旧是中国苹果主要进口来源地。

中国对日本苹果进口的 CI 值总体上保持稳定，2007 年之后呈现上升趋势，虽然中国进口日本苹果的 CI 值较低，但由于中国进口日本主要为高价优质的富士苹果，对中国国产富士苹果市场的影响不可忽视。

近年来，随着中法双方落实《中华人民共和国国家出入境检验检疫局和法兰西共和国农业渔业部关于中国从法国输入苹果果实的植物检疫卫生条件议定书》，中国对法国苹果进口逐渐增加，2008 年以来，中国对法国苹果进口由 0.04 吨增长至 0.23 吨，但由于进口比重较小，因此对中国进口苹果市场影响较小。

3.2.3　进口市场结构波动的同步性检验

为能够更加清晰的探究中国苹果进口主要来源国进口数量及价格的波动规律，本书运用时间序列数据常用的标准差和方差衡量苹果进口量及进口价格间的变化关系。借鉴标准的休哈特控制图，利用标准化处理后的主要苹果进口来源地的进口数量和价格数据，分析进口数量和价格波动的规律及二者之间的相互关系。标准化处理的公式为：

$$A_j = (\theta_j - \bar{\theta}) / \delta \qquad (3-8)$$

式中，θ_j 表示苹果进口数量和进口价格的原始数值，$\bar{\theta}$ 和 δ 分别表示进口数量和金额的均值和标准差，A_j 为进口数量和金额的原始序列经过标准化处理后的值。由于标准化处理过程是对原始时间序列的简单线性转换，因此，与原始时间序列保持同分布。若标准化后的数值大于 0，说明观察值大于均值；若标准化后的数值小于 0，说明观察值小于均值。为了能够更直观的观察标准化后的进口数量和金额的变化规律，本书将标准化后的苹果进口量和进口价格数据以零线为比较线作图如下（图 3-9）：

从图 3-9 可以看出，智利苹果进口量标准化值介于 -0.97 和 2.14 之间，单价标准化值介于 -1.06 和 1.99 之间。从智利进口的苹果数量和价格均呈现波动增加趋势，2004 年之后进口数量和价格大幅增加。美国苹果进口量标准化值介于 -1.50 和 2.07 之间，单价标准化值介于 -1.04 和 2.20 之间，从美国进口的苹果单价增长趋势明显，而进口数量呈现波动上升趋势，1994—2002

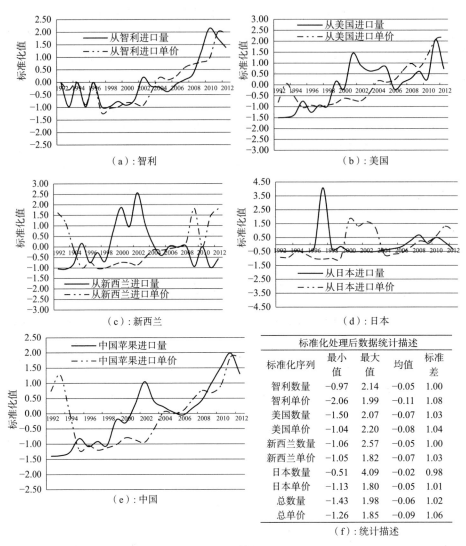

图 3-9　中国苹果主要进口来源地进口量和进口单价变动关系

数据来源：联合国贸易统计数据库（1992—2013），中国海关总署数据（1992—2013）。

年波动上升，2010 年之后出现大幅度上升。新西兰苹果进口量标准化值介于
－1.06 和 2.57 之间，单价标准化值介于－1.05 和 1.82 之间，从新西兰进口
的苹果数量和价格波动较大，但总体上呈现进口量和进口单价反向变动的特
点，即价格和需求量成反比。日本苹果进口量标准化值介于－0.51 和 4.09 之
间，单价标准化值介于－1.13 和 1.80 之间，从日本进口的苹果数量和价格变

化趋势大体经历了两个阶段：第一阶段为 1992—2004 年，进口量和单价呈现反向变化趋势，第二阶段为 2005 年之后，进口量和价格均呈现波动增加趋势；中国苹果进口总量标准化值介于 -1.43 和 1.98 之间，单价标准化值介于 -1.26 和 1.85 之间。

从各主要苹果进口来源地的整体变动趋势来看，具有三个特征：

（1）从智利、美国进口苹果的进口量和进口金额变动趋势和中国苹果进口总体变化趋势相一致。从进口单价来看，1992—2012 年进口单价虽有波动，但总体上呈现稳定上升趋势；从进口量来看，1998—2002 年进口量增长幅度较大，2002—2006 年进口量有所下降，2006 年之后智利和中国进口量急剧上升，美国进口量虽有上升但增长幅度不大。表明智利和美国与中国苹果进口市场结构波动规律基本吻合，较好地适应了中国苹果进口市场格局。

（2）2006 年之前，从新西兰的苹果进口量与中国苹果进口总量的波动规律接近，但进口单价波动与中国苹果单价的上升趋势不符。1998—2002 年当中国进口苹果单价增长较快时，新西兰进口苹果单价基本维持稳定的低价状态，因此，可以认为这一时期新西兰苹果进口量的提高并不是由于新西兰的出口策略适应了中国苹果市场，而是因为新西兰苹果价格的下降导致了进口量的大幅提高。同样，2002—2006 年进口量大幅下降也是由于价格上升。

（3）从日本的苹果进口量和单价与中国苹果进口总量和单价的波动规律相差较大，总体上呈现价格和需求量反向变化的特点，日本进口量的变动是由于价格的变化而不是由于日本的苹果出口策略适应了中国的苹果市场结构。

3.2.4　中国进口苹果国内流向结构

中国海关统计数据显示，中国进口苹果主要流向国内 20 多个省份和地区，且在不同时期进口苹果的主要流向地结构及其市场份额呈现不同的特征。从 2008—2012 年中国进口苹果国内流向时序变动情况来看，中国进口苹果的国内流向地区主要为广东、上海、辽宁、北京、天津和福建等地，其中流向广东的进口苹果累积占比最高，达 78.85%，其次为上海和辽宁，占比分别为 10.93% 和 9.09%。

从图 3 - 10 可以看出，2008—2012 年流向广东的进口苹果比重呈现上升趋势，进口量由 3.12 万吨增加到 4.27 万吨，年均增长率为 8.16%，进口比重由 73.50% 增加至 79.15%，年均增长率为 1.87%；而流向辽宁的进口苹果比重呈现下降趋势，进口量由 0.71 万吨降低到 0.28 万吨，年均下降比率为

20.75%，进口比重由 16.70% 降低至 4.59%，年均下降率高达 38.11%；流向上海的进口苹果比重呈现波动上升趋势，进口量由 0.35 万吨增加至 0.91 万吨，年均增长率为 26.98%，进口比重由 8.23% 增加到 16.04%，年均增长率为 18.15%；流向北京的进口苹果比重变化较小，历年进口比重保持在 1% 左右。

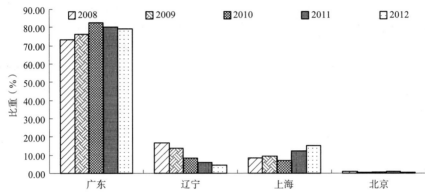

图 3-10　2008—2012 年中国进口苹果国内流向比重变动趋势

数据来源：中国海关总署数据（1992—2013）。

从进口苹果主要流向地内部结构来看，辽宁和上海的流向地区集中程度最高，广东和北京地区次之（表 3-6、图 3-11）。

2008—2012 年广东进口苹果的主要流向地区为广州市（58.44%）、汕头特区（21.69%）、深圳市（6.69%）和佛山（6.35%），这 4 个地区的累积进口量占到广东省进口总量的 93.17%。其中，广州市苹果进口比重呈现先增后减的变化趋势，而汕头特区和深圳市的进口比重则呈现先减后增的趋势，2008—2010 年广州市所占比重由 45.12% 增加至 77.14%，而汕头特区和深圳市的进口比重分别由 36.46% 和 11.62% 降低至 10.76% 和 4.68%；2010—2012 年广州市苹果进口所占比重由 77.14% 降低至 43.97%，而汕头特区和深圳市的进口比重则分别由 10.76% 和 4.68% 增加至 21.81% 和 6.44%。

2008—2012 年辽宁进口苹果的主要流向地区为大连市（96.90%），大窑湾保税港（2.23%）和沈阳市（0.87%）的累积进口量仅占辽宁苹果进口总量的 3.10%；5 年间大连市苹果进口比重变化较小，维持在 95.41% 和 99.82% 之间，大窑湾保税港自 2010 年之后几乎没有发生苹果进口，相反 2009—2012 年沈阳市苹果进口比重逐渐上升，由 0.12% 增加至 4.28%，年均增长率达 229.17%。

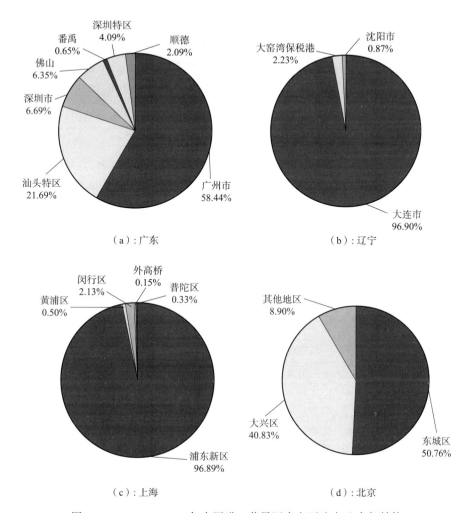

图 3-11　2008—2012 年中国进口苹果国内主要流向地内部结构

数据来源：中国海关总署数据（2008—2013）。

2008—2012 年上海进口苹果的主要流向地区为浦东新区（96.89％），闵行区（2.13％）和黄浦区（0.50％）的累积进口量仅占上海地区苹果进口总量的 2.63％。北京进口苹果的主要流向地区为东城区（50.76％）和大兴区（40.35％），累积进口量占北京地区苹果进口总量的 91.11％。2008—2012 年大兴区苹果进口比重略有下降，由 58.19％降低到 40.83％；而东城区苹果进口比重波动较明显，2008—2009 年进口比重由 49.87％快速降为 23.19％，2010 年之后进口比重维持在 58％左右。

表 3 - 6 2008—2012 年中国进口苹果国内流向地区分布变动趋势

单位：吨、千美元,%

年份	地区	2008 年 进口数量	2008 年 进口金额	2009 年 进口数量	2009 年 进口金额	2010 年 进口数量	2010 年 进口金额	2011 年 进口数量	2011 年 进口金额	2012 年 进口数量	2012 年 进口金额
广东	广州市	14 060.76	15 640.65	20 631.70	20 537.21	42 839.93	48 075.18	40 184.36	63 503.31	21 405.07	33 850.93
	汕头特区	11 359.36	9 800.16	9 666.99	8 964.70	5 973.53	5 534.08	14 025.98	16 710.27	10 619.70	14 451.33
	深圳市	3 621.14	4 382.87	6 564.49	6 845.24	2 598.00	3 328.37	0.00	0.00	3 137.07	4 535.37
	佛山	1 365.25	1 625.37	3 667.05	3 845.74	3 383.08	4 263.35	3 357.14	5 316.905	3 349.31	4 990.84
	番禺	309.98	339.76	396.17	469.59	734.70	931.84	97.76	156.409	0.00	0.00
	深圳特区	363.59	345.94	190.12	190.12	0.00	0.00	3 464.28	5 486.465	5 726.64	8 442.95
	顺德	61.29	61.29	0.00	0.00	0.00	0.00	494.45	781.062	4 423.80	6 529.81
	其他	18.52	18.52	0.00	0.00	3.90	22.88	0.00	0.00	21.17	34.10
	小计	31 159.88	32 214.56	41 116.52	40 852.59	55 533.14	62 155.69	61 623.96	91 954.42	48 682.76	72 835.32
	占总量比例	73.50	71.29	75.99	71.22	83.03	81.86	79.94	79.43	79.15	78.88
上海	浦东新区	3 469.10	4 856.50	4 609.29	4 891.52	4 989.13	6 753.44	9 227.62	14 237.49	9 452.92	14 707.51
	黄浦区	0.00	0.00	144.59	146.33	19.55	23.53	0.00	0.00	0.00	0.00
	闵行区	0.00	0.00	435.37	476.84	0.00	0.00	263.47	435.13	0.00	0.00
	外高桥	0.00	0.00	0.00	0.00	48.64	106.62	0.00	0.00	0.00	0.00
	普陀区	0.00	0.00	0.00	0.00	21.40	28.74	85.61	123.85	0.00	0.00
	其他	20.91	24.72	0.00	0.00	86.65	129.71	61.61	89.07	58.86	105.22
	小计	3 490.01	4 881.22	5 189.26	5 514.69	5 165.37	7 042.05	9 638.31	14 885.54	9 511.78	14 812.73
	占总量比例	8.23	10.80	9.59	9.61	7.72	9.27	12.50	12.86	15.46	16.04
北京	东城区	238.72	209.51	61.74	67.60	329.28	426.25	419.57	631.56	164.12	190.80
	大兴区	199.34	293.02	154.93	193.50	190.06	383.42	236.98	596.12	183.33	414.88
	其他地区	40.60	66.64	49.57	80.26	40.29	45.36	61.78	117.99	20.43	26.01

（续）

年份 地区		2008 年 进口数量	2008 年 进口金额	2009 年 进口数量	2009 年 进口金额	2010 年 进口数量	2010 年 进口金额	2011 年 进口数量	2011 年 进口金额	2012 年 进口数量	2012 年 进口金额
北京	总计	478.65	569.16	266.24	341.36	559.64	855.04	718.33	1345.66	367.88	631.69
	占总量比例	1.13	1.26	0.49	0.60	0.84	1.13	0.93	1.16	0.60	0.68
辽宁	大连市	6838.27	7007.02	7064.10	6734.33	5431.80	5530.44	4559.53	6679.47	2700.40	3747.93
	大窑湾保税港	242.61	239.78	330.60	336.61	0.00	0.00	39.10	56.70	0.00	0.00
	沈阳市	0.00	0.00	9.00	43.13	0.00	42.40	98.58	147.87	120.60	168.07
	小计	7080.89	7246.79	7403.70	7114.07	5431.80	5572.84	4697.21	6884.04	2821.00	3916.00
	占总量比例	16.70	16.04	13.68	12.40	8.14	7.34	6.09	5.95	4.59	4.24
山东	青岛	30.40	59.66	8.08	26.58	59.86	153.26	10.50	77.29	0.00	0.00
	胶州	0.00	0.00	12.10	79.80	0.00	0.00	0.00	0.00	0.00	0.00
	小计	30.40	59.66	20.18	106.38	59.86	153.26	10.50	77.29	0.00	0.00
	占总量比例	0.07	0.13	0.04	0.19	0.09	0.20	0.01	0.07	0.00	0.00
天津	滨海新区	145.83	170.30	0.00	0.00	0.00	0.00	0.00	0.00	0.00	0.00
	其他	5.00	31.24	201.54	201.54	80.58	100.5	100.5	0.00	82.52	96.48
	小计 96.48	150.83	201.54	201.54	201.54	80.58	100.5	100.5	0.00	82.52	96.48
	占总量比例	0.36	0.45	0.22	0.19	0.12	0.13	0.13	0.00	0.13	0.10
福建	厦门特区	3.79	13.93	99.07	161.85	0.00	0.00	371.65	564.62	0.00	0.00
	厦门市	0.00	0.00	21.00	17.55	41.06	51.60	0.00	0.00	19.55	27.45
	小计	3.79	13.93	120.07	179.40	41.06	51.60	371.65	564.62	19.55	27.45
	占总量比例	0.01	0.03	0.22	0.31	0.06	0.07	0.48	0.49	0.03	0.03

数据来源：中国海关总署数据（2008—2013）。

3.3　中国苹果进口市场准入特征

中国对农产品贸易实行统一的、有管制的自由贸易制度。总体上看，中国鼓励发展公平、自由的农产品贸易，尤其是加入 WTO 后，中国的农产品贸易政策日益公开化和制度化，但由于国际竞争环境、保护国内农业产业发展等因素，现阶段主要通过关税、许可证、关税配额、检验检疫措施以及贸易管制等手段干预部分农产品的贸易行为。

3.3.1　关税

2001 年 11 月 12 日中国加入世界贸易组织，承诺 10 年内将逐步开放中国农产品市场，对国内有价格优势的农产品实行关税减让，将算术平均关税率由加入世贸初期的 21.00% 降低至 2004 年的 17.00%，重要农产品关税率甚至降至 14.50%；对无价格竞争优势的农产品则实行关税配额，配额内进口仅征收 1%~3% 的关税，超过配额进口则征收 65% 的关税。按照世贸组织的规定，2004 年中国水果的进口贸易关税从 40.00% 下降至 13.00%，促使中国水果产业快速融入国际市场，可能造成进口水果的快速增长，从而丢失部分高档水果市场份额，对中国水果业的供需平衡及生产结构产生影响，对水果产业的发展而言既是机遇，亦是挑战（麻茵萍，2000；祁春节，2001）。就苹果而言，中国对苹果进口征收的税率主要有进口关税 10.00% 和进口增值税 13.00%。

从 2003 年 10 月 1 日起，中泰两国间蔬菜和水果类产品的贸易开始实现零关税，这一政策是在中国-东盟自由贸易区框架协议中的"早期收获"方案下，提前在中泰两国之间消除了蔬菜和水果两类产品进出口的关税，是中国实行的第一个零关税安排。该项贸易自由化措施共涉及蔬菜产品 108 项，水果产品 80 项。此外，从 2005 年 8 月 1 日起，中国大陆对原产于中国台湾地区的菠萝等 15 种水果正式实施零关税待遇，这种单方面的优惠措施为中国台湾农产品打开了通向中国大陆市场的大门（张露，2010）。

3.3.2　准入国家和地区限制

水果是传递有害生物的高风险植物产品，从 20 世纪 80 年代起，为防止地中海实蝇、蠹蛾、瘿蚊、粉虱等有害生物的传入和蔓延，保护国内果业生产安全和消费者健康，中国对水果进口实行了严格的控制。近年来，由于主要水果生产国家对疫情的严格控制，加之，国内消费者对进口水果的需求日益增加，中国开始逐步放开从部分国家和地区指定口岸进口水果，截至 2012 年，中国允许来自 31 个国家和地区的 38 种水果进入中国市场（表 3-7）。

　　2000 年，通过对智利和法国苹果有害生物风险评估，经中智、中法两国检验检疫部门协商，双方分别于同年 4 月 17 日和 10 月签署了《中华人民共和国国家出入境检验检疫局和智利共和国农业部关于智利苹果输华植物检疫要求的议定书》和《中华人民共和国国家出入境检验检疫局和法兰西共和国农业渔业部关于中国从法国输入苹果果实的植物检疫卫生条件议定书》允许智利、法国两国检验检疫部门共同指定的水果种植者、水果中心（包装厂）向中国输入苹果。截至目前，国家市场监督管理总局规定中国允许进境的苹果输出国家和地区主要有泰国、日本、美国、阿根廷、智利、法国、澳大利亚和新西兰（表 3-7）。

表 3-7　我国允许进境水果种类及输出国家或地区名录（2011 年 11 月）

输出国家或地区	水果种类	指定产地	通关口岸
泰国	罗望子、橘、苹果、番荔枝、橙、柚、木瓜、杨桃、番石榴、红毛丹、莲雾、菠萝蜜、椰色果、菠萝、人参果、香蕉、西番莲、椰子、龙眼、榴莲、芒果、荔枝、山竹	泰国的芒果、榴莲、山竹、荔枝、龙眼需来自指定果园，其他水果无限制	无限制
马来西亚	龙眼、山竹、荔枝、椰子、西瓜、木瓜、红毛丹	无限制	无限制
印度尼西亚	香蕉、龙眼、山竹、蛇皮果	无限制	无限制
越南	芒果、龙眼、香蕉、荔枝、西瓜、红毛丹、菠萝蜜、火龙果	无限制	无限制
缅甸	龙眼、山竹、红毛丹、荔枝、芒果、西瓜、甜瓜、毛叶枣	无限制	芒果、西瓜、甜瓜、毛叶枣限定从云南瑞丽、打洛口岸入境
菲律宾	菠萝、香蕉、芒果、木瓜	无限制	无限制
日本	苹果、梨	无限制	无限制

（续）

输出国家或地区	水果种类	指定产地	通关口岸
巴基斯坦	芒果	指定果园	北京、大连、天津、青岛、上海、南京、乌鲁木齐、红其拉甫
	柑橘	桃实蝇非疫区	北京、大连、天津、青岛、上海、南京、红其拉甫
印度	芒果、葡萄	北方邦、安德拉邦、马哈拉拖特拉邦、古吉拉特邦指定果园	北京、大连、天津、青岛、上海、南京
以色列	橙、柚、橘子、柠檬、葡萄柚	无限制	无限制
中国台湾	菠萝、香蕉、椰子、番荔枝、木瓜、杨桃、芒果、番石榴、莲雾、槟榔、橙、柚、李、枇杷、柿子、桃、枣、梅、柠檬、火龙果、哈密瓜	无限制	无限制
美国	苹果（Red Delicious，Golden Delicious 两个品种）	华盛顿州、俄勒冈州、爱达荷州	广州、上海、大连、北京、天津、海口、厦门、福州、青岛、南京
	樱桃	华盛顿州、俄勒冈州、加利福尼亚州、爱达荷州	广州、上海、大连、天津、海口、南京
	葡萄	加利福尼亚州	广州、上海、大连、天津、海口、南京
	李子	加利福尼亚州	
	橘、橙、柚、柠檬	加利福尼亚州、佛罗里达州、亚利桑那州、得克萨斯州	广州、上海、大连、天津、海口、青岛、南京
墨西哥	鳄梨、葡萄	指定果园	无限制
巴拿马	香蕉	指定果园	无限制
厄尔多瓜	香蕉	指定果园	无限制
哥斯达黎加	香蕉	指定果园	无限制
哥伦比亚	香蕉	乌拉巴地区	上海、大连、天津、青岛、秦皇岛

（续）

输出国家 或地区	水果种类	指定产地	通关口岸
乌拉圭	橘、橙、柚、柠檬	指定果园	无限制
阿根廷	橙、葡萄柚、橘及其杂交种、苹果、梨	官方注册果园	大连、天津、北京、上海、青岛、南京
智利	苹果、猕猴桃	第 6、7、8、9 区	广州、上海、大连、北京、天津、海口、南京、深圳
	葡萄、李子	第 3～第 9 区和首都区	
秘鲁	葡萄、芒果、柑橘（葡萄柚、橘、橙、莱檬）	官方注册果园	广州、深圳、大连、天津、北京、上海、青岛、南京
法国	苹果、猕猴桃	部分省	广州、上海、大连、北京、天津、海口、青岛、南京、深圳
西班牙	橘、橙、柚、柠檬	指定果园	无限制
意大利	猕猴桃	指定果园	无限制
比利时	梨	指定果园	无限制
希腊	猕猴桃	指定果园	无限制
南非	橘、橙、柚、柠檬、葡萄	官方注册果园	大连、天津、北京、上海、青岛、南京
埃及	橙、柚、橘、柠檬、葡萄柚	指定果园	无限制
摩洛哥	柑橘（橙、宽皮橘、克里曼丁桔、葡萄柚）	指定果园	无限制
澳大利亚	橘、橙、柠檬、葡萄柚、芒果、苹果、葡萄	塔斯马尼亚州苹果除外，芒果指定果园	无限制
新西兰	橘、橙、柠檬、苹果、樱桃、葡萄、猕猴桃、李、梨、梅	无限制	无限制

数据来源：国家市场监督管理总局。

3.3.3　检验检疫措施

卫生检疫措施（SPS）和技术性贸易壁垒（TBT）是许多发达国家惯用的非关税壁垒。但由于中国农产品标准体系不健全、农产品生产技术标准和卫生检疫标准落后等条件的限制，中国较少使用非关税壁垒限制农产品进出口贸易（张晓山等，2007）。加入 WTO 后，中国十分重视非关税壁垒的运用，并在 WTO 协议框架下充分行使相应的权利。目前，中国并无单独的关于进口苹果的法规和标准，但关于进口水果的各项规章制度均适用于苹果进口。中国现有的水果检验检疫措施，主要是基于 WTO 框架下相应的国际协议、协定和标准，如 SPS 协议的科学依据、非歧视性、协调一致和透明度等原则，在适度控制进口，有害生物风险分析、双边会谈、签署议定书、规范预检和检疫审批等方面起到了重要作用。国家市场监督管理总局规定在签订进境水果贸易合同或协议前，进口单位应按照有关规定向国家市场监督管理总局申请办理进境水果检疫审批手续，并取得《中华人民共和国进境动植物检疫许可证》。

中国于 2005 年 7 月 5 日颁布的《进境水果检验检疫监督管理办法》和《检验检疫工作手册》规定进口水果中有毒有害物质检出量不得超过中国安全卫生标准；输出国或地区官方检验检疫部门出具的植物检疫证书的内容与格式应当符合国际植物检疫措施标准 ISPM 第 12 号《植物检疫证书准则》的要求；进口水果包装箱上须用中文或英文注明水果名称、产地、包装厂名称或代码，进境水果存放场所由所在地检验检疫机构依法实施监督管理，并应有足够的独立存放空间，具备必要设施，符合检疫、防疫要求，具备除害处理条件，进货和销售台账保存期限不得少于 2 年，以便在必要时进行核查。同时，经港澳地区中转进入内地的水果，应当经国家市场监督管理总局认可的港澳地区检验机构核对是否属允许进境的水果种类，以集装箱运输，确认原箱、原包装和原植物检疫证书，并出具相应的确认证明文件。

2007 年 8 月中国颁布的《国务院关于加强食品等产品安全监督管理的特别规定》和《国务院关于加强产品质量和食品安全工作的通知》规定建立进出口水果企业良好和不良记录。进出口企业应对进出口水果的质量安全负责，鼓励企业诚实守信、合法经营。对良好记录的企业，适当简化检验检疫手续。对不良记录的进出口企业，加严检验检疫。对弄虚作假、伪造单证、逃避检验检疫的企业，依法严厉查处。经检验检疫发现重大安全卫生或检疫问题时，应向社会公众公布有关信息，进出口企业应通知销售商停止销售，主动召回有问题的水果，并向检验检疫机构报告。

3.4 本章小结

20 世纪 90 年代以来，中国苹果进口贸易总体发展迅速。本章在对中国苹果总体进口规模进行分析的基础上，首先，运用统计描述方法分析中国苹果进口规模、进口价格、进口季节特征，并用季节分解模型对 2000—2012 年中国苹果进口数据进行趋势分解，揭示中国苹果进口数量和金额的变化规律。其次，在对中国苹果进口来源地总体时序变动和国内流向结构分析的基础上，对中国苹果市场集中度和市场波动同步性进行检验。最后，对中国苹果进口市场准入特征进行分析。

从中国苹果进口趋势特征分析来看，中国苹果进口数量呈现非线性增长态势，但进口金额却呈现高速线性增长态势，进口金额的增长率高于进口数量的增长率。2000年之前，由于中国对水果进口实行较高的关税壁垒和严格的检验检疫措施，抑制了中国的苹果进口增长，导致实际进口数量和金额均低于潜在进口规模。进入21世纪之后，除2001—2002年实际进口数量和金额均高于潜在进口规模之外，其余年份由于中国经济形势持续好转，消费者购买力增强，实际苹果进口规模低于潜在进口规模，出现进口缺口。未来中国苹果进口贸易仍存在增长空间，且在中国苹果进口数量的增长速度低于进口金额增长速度的市场环境中，中国进口苹果的市场价格仍将持续升高。

从中国苹果进口市场结构特征来看，中国进口的苹果90.00%以上集中于智利、美国、新西兰和日本，国内流向结构也主要集中于广东、上海、辽宁、北京、天津和福建等地。1992—2012年中国苹果进口市场集中指数（CI）的取值均超过95.00%，国内苹果进口赫芬达尔指数（HHI）均值为0.42，说明近20年中国苹果进口来源地结构属寡占 I 型。智利和美国与中国苹果进口市场结构波动规律基本吻合，较好地适应了中国苹果进口市场格局。2006年之前，新西兰的苹果进口量与中国苹果进口总量的波动规律接近，进口单价波动与中国苹果单价的上升趋势不符。日本的苹果进口量和单价与中国苹果进口总量和单价的波动规律相差较大，日本进口量的变动是由于价格的变化而不是其出口策略适应了中国的苹果市场结构。

从中国苹果进口市场准入特征来看，中国苹果进口关税壁垒逐渐削弱，并按照世贸组织协定，放开部分进口准入国家和地区的限制。但总体来看，出于生态安全和国内产业保护的需要，苹果进口非关税壁垒如卫生检疫措施和技术性贸易壁垒仍呈现加强趋势。

第 4 章　中国苹果进口贸易增长
影响因素分析

4.1　引言

自 20 世纪 90 年代以来，中国苹果进口量和金额的年均增长率分别达到 25.35％和 27.56％（联合国贸易统计数据库，1992—2013）。中国苹果品种结构趋于单一化，消费者苹果需求多样化发展，以及加入 WTO 后农产品关税和非关税壁垒的削弱，均促使中国苹果进口持续快速增加。因此，在城市化快速推进，劳动力、生产资料和物流成本快速上升，科技管理水平相对滞后的产业发展环境中，分析中国苹果进口快速增长的影响因素，揭示中国苹果进口快速增长的内在机理，对了解中国苹果产品竞争优势以及主要进口来源地竞争力的变化，调整中国苹果产业发展结构有重要的意义。

4.2　理论分析和模型设计

4.2.1　理论分析

国内外理论和实证研究表明，农产品进口贸易增长受到国内外因素的综合影响。国内因素主要包括国家层面因素和产业层面因素，具体包括国家规模、经济发展程度、要素禀赋状况、国民收入水平、国内需求状况、经济一体化程度、贸易平衡程度，运输距离等；产业层面因素包括产品差异、规模经济、市场结构等因素。随着工业化、城市化进程的加快，中国的城镇化水平由 1978 年的 17.92％上升至 2011 年的 51.27％（中华人民共和国国家统计局，2012），农村劳动力向非农产业转移的比重和农村土地非农利用率均呈增加趋势，导致苹果种植区劳动力和土地资源稀缺，劳动力工资和土地租金上涨。而中国苹果生产技术发展缓慢、管理滞后，不能有效通过提高苹果生产效率、突破苹果标准壁垒、实现规模经济来补偿成本和价格上升所产生的消极影响，导致中国优质苹果生产比较优势下降，可能导致中国苹果进口贸易的快速增长。由此形成本章的研究假设：

　　H1：中国苹果进口贸易增长受国内经济因素的影响。

　　国内外实证研究表明，一国的贸易增长能够分解为市场规模效应、市场结构效应和竞争力效应三个因素的共同作用。如果出口国能维持该目标市场的市场份额，那么随着进口国某种商品进口总额的增加，则其出口量会相应潜在的增加；如果一国的出口能力主要集中在经济增长水平相对较快的国家或地区，那么由于市场的分布不同，一国出口的增长主要取决于贸易政策和国外收入的增长；一国在给定市场出口产品竞争力的变化会对本国出口规模产生影响，其中，产品竞争力是劳动生产率、产品价格水平、产品质量、营销技术，以及贸易政策和汇率等因素的综合表现（Ahmadi - Esfahani and Jensen，1994；Batista，2008；刘岩和王健 2011）。近 20 年来，中国苹果进口 90％以上集中于智利、美国、新西兰和日本，以上 4 国出口能力的变化必然会影响中国苹果进口结构和规模的变化。此外，苹果进口增长除了受本国资源禀赋和国内经济因素的影响，也受国际经济和贸易环境的影响。美国次贷危机、欧债危机等全球性经济环境的变化，以及国际石油、煤炭等资源类产品价格上升，均能诱发中国柴油、化肥、农药等农资产品价格全面上涨，间接导致中国苹果生产综合成本显著提高，比较优势下降。同时，世界经济环境的变化导致主要苹果进口国家的消费能力随之变化，进而对全球苹果进口需求产生影响，从而影响中国苹果的进口需求。由此形成本章的研究假设：

　　H2：中国苹果进口贸易增长受苹果进口市场结构的影响。

　　H3：中国苹果进口贸易增长受到世界经济的影响。

4.2.2　模型设计

　　基于上述理论分析和已有研究成果，本章在借鉴帅传敏等（2003）所采用的 CMS 分解模型的基础上，在模型中纳入"引力效果"概念（周力等，2008），构建二阶恒定市场分解模型，剖析中国苹果进口影响因素的作用机理和变化趋势。本书所选取的分析对象为"苹果"这一单一进口产品，在模型构建过程中只需关注某国在不同国家、不同时期的出口市场份额变化，不用考虑不同产品类别的贸易份额在不同时期的增长率变化。因此，模型中不存在原模型中的"商品效果"与"交互效果"。中国苹果进口波动的恒定市场份额模型分解见式（4-1）和（4-2）。

　　一级分解：

$$\Delta q = \sum_j R_j^0 \Delta Q_j + \sum_j Q_j^0 \Delta R_j + \sum_j \Delta R_j \Delta Q_j \qquad (4-1)$$

（结构效果）（引力效果）（二阶效果）

二级分解：

$$\Delta q = R^0 \Delta Q + (\sum_j R_j^0 \Delta Q_j - R^0 \Delta Q) + \Delta R Q^0 + (\sum_j Q_j^0 \Delta R_j - \Delta S Q^0)$$

（一般增长效果）（市场结构效果）（整体引力效果）（具体引力效果）　（4-2）

$$+ \left(\frac{Q^1}{Q^0} - 1\right) \sum_j Q_j^0 \Delta R_j + \left[\sum_j \Delta R_j \Delta Q_j - \left(\frac{Q^1}{Q^0} - 1\right) \sum_j Q_j^0 \Delta R_j\right]$$

（纯二阶效果）　　　　　（动态残差效果）

式（4-1）和（4-2）中，q 代表中国苹果进口总额；R 代表中国苹果进口额所占世界苹果进口总额的比重；R_j 为中国从 j 国进口苹果总额占世界从该国进口苹果总额的比重；Q 为世界苹果进口总额；Q_j 为世界对 j 国苹果的进口总额；Δ 为一定时期内的期末代表值（上标为 1）与期初代表值（上标为 0）之差。模型中各因素的具体含义见表 4-1。

表 4-1　恒定市场份额模型分解因素构成

项目	含义
1. 结构效果	由于世界苹果总体进口需求的变化而引起的中国苹果进口额的变化
一般增长效果	由于世界苹果进口需求增长而增长的部分。正值表示世界苹果进口需求的增长拉动了中国苹果进口的增长，负值表示世界苹果进口需求的减少致使中国苹果进口的减少
市场结构效果	由于进口市场结构的变化而带来的中国苹果进口值的变化。正值表示中国比世界更集中地从快速增长的市场进口苹果，负值表示中国比世界更集中地从慢速增长的市场进口苹果
2. 引力效果	由于中国苹果进口引力的变化而引起的中国苹果进口额的变化
整体引力效果	由于中国对世界苹果整体出口市场引力的变化而带来的中国苹果进口值的变化。数值反映了中国苹果整体引力的大小
具体引力效果	由于中国对世界苹果具体出口市场与出口品种引力的变化而带来的中国苹果进口值的变化。数值反映了中国苹果具体引力的大小
3. 二阶效果	由于中国苹果进口引力的变化和世界苹果进口需求的变化交互作用引起的进口额变化
纯二阶效果	由于中国苹果进口引力变化与世界苹果进口需求变化的交互作用而产生的中国苹果进口值的变化。正值表示中国苹果进口引力的变化与世界苹果进口需求的变化趋同，负值则相反
动态结构残差	由于中国苹果进口结构的变化与世界苹果进口结构变化的交互作用而带来的中国苹果进口值的变化。正值表示中国苹果在世界增长较快的市场上进口份额增长较快，负值则相反

4.3　数据来源和苹果进口阶段性特点

4.3.1　数据说明

本章使用的 1992—2011 年中国苹果贸易数据来源于中国海关总署（2000—2012），书中涉及的其他国家或地区贸易数据均来源于联合国贸易统计数据库（2000—2012）。

4.3.2　中国苹果进口阶段性特点

4.3.2.1　中国苹果进口金额变化

图 4-1 显示，中国苹果进口金额变化大体经历了四个阶段：

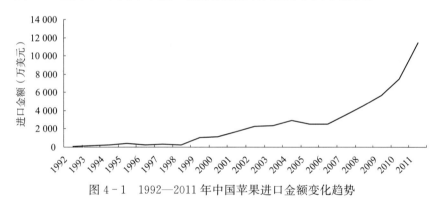

图 4-1　1992—2011 年中国苹果进口金额变化趋势

数据来源：中国海关总署数据（1992—2012）。

第一阶段为1992—1998 年，这时中国的苹果进口处于起步阶段，国产苹果市场价格大多数低于进口苹果市场价格（图 4-2），苹果进口规模和速度增长缓慢。1992—1998 年，中国苹果进口金额由 70.95 万美元增长至 280.56 万美元，年均增长率为 25.92%。

第二阶段为1998—2004 年，这时国产苹果市场价格和进口苹果市场价格逐渐趋于平衡，中国苹果进口规模快速增加。1998—2004 年中国苹果进口金额由 280.56 万美元增长至 2 941.68 万美元，年均增长率达到 47.94%。

第三阶段为2004—2006 年，这时中国苹果进口金额稍有下降，进口苹果市场价格大幅增加，显著高于国产苹果市场价格。2004—2006 年中国苹果进口金额由 2 941.68 万美元下降至 2 527.75 万美元，年均下降率为 7.32%。

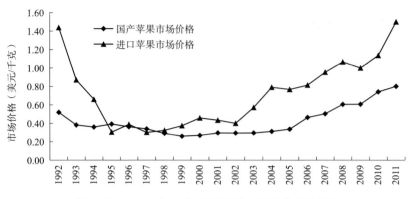

图 4 - 2　1992—2011 年中国苹果市场价格变化趋势

数据来源：中国海关总署数据（1992—2012）。

　　第四阶段为 2006—2011 年，这时进口苹果市场价格增幅下降，而国产苹果市场价格呈上升趋势，且中国苹果进口规模和速度增加较快。主要因为这一阶段中国苹果生产要素价格普遍上涨，2006—2011 年，中国苹果生产成本由每公顷 2.23 万元增长到 5.79 万元，年均涨幅高达 21.02%（表 4 - 2），除 2008 年受全球金融危机影响导致苹果生产成本因物质费用的降低而略有下降外，该时期其余年份苹果生产成本均涨幅较快，其中涨幅最大的为 2009 年，比上年同期增长 61.35%。国内苹果生产成本增加导致国内价格上升，而国际市场苹果价格趋于稳定。导致这一时期中国苹果进口金额持续增长，进口金额由 2 527.75 万美元增长至 11 576.30 万美元，年均增长率为 35.57%。

表 4 - 2　1992—2011 年中国苹果生产成本

单位：万元/公顷

年份		1992	1993	1994	1995	1996
生产成本	物质费用	0.510 5	0.563 5	0.750 6	0.913 3	0.987 2
	人工成本	0.370 3	0.399 1	0.552 3	0.713 9	1.046 1
	合计	0.880 8	0.962 6	1.302 9	1.627 2	2.033 4
年份		1997	1998	1999	2000	2001
生产成本	物质费用	0.881 2	0.852 5	0.876 6	0.844 6	0.826 5
	人工成本	1.069 5	0.711 1	0.714 3	0.669 6	0.611 7
	合计	1.950 7	1.563 7	1.590 9	1.514 2	1.438 2

（续）

年份		2002	2003	2004	2005	2006
生产成本	物质费用	0.634 9	0.817 2	0.954 8	0.838 7	1.103 1
	人工成本	0.581 7	0.660 6	0.918 3	0.907 0	1.128 2
	合计	1.216 7	1.477 8	1.873 1	1.745 7	2.231 3

年份		2007	2008	2009	2010	2011
生产成本	物质费用	2.036 2	1.577 3	2.735 6	2.823 7	2.876 0
	人工成本	1.225 3	1.502 3	2.233 5	2.560 8	2.916 2
	合计	3.261 5	3.079 6	4.969 0	5.384 5	5.792 2

数据来源：《农产品成本收益资料汇编》（1992—2012）。

4.3.2.2　中国苹果主要进口来源地结构变化情况

表 4 - 3 显示的是中国主要苹果进口来源地出口额及出口至中国市场的份额变化情况。从表 4 - 3 可以看出，1992—1998 年中国从智利、美国、新西兰和日本的苹果进口额为 1233.05 万美元，仅占同期各国苹果出口总额的 0.22%；1998—2004 年中国从美国、智利、新西兰和日本的苹果进口额均大幅增加，进口总额达到 116 129.25 万美元，占同期各国苹果出口总额的 19.01%；2004—2006 年中国从美国、智利、新西兰和日本的苹果进口额又呈现大幅下降趋势，进口总额为 8 006.88 万美元，占同期各国苹果出口总额比重比上期降低 89.43%，仅为 2.26%；2006—2011 年中国从 4 个主要苹果进口来源地的进口总额比上期有所增长，为 34 923.71 万美元，占同期各国苹果出口总额的 3.61%。

表 4 - 3　不同时间段中国主要苹果进口来源地出口额及出口至中国市场的份额

单位：万美元,%

国家或地区	1992—1998 年			1998—2004 年		
	总出口额	出口至中国	份额	总出口额	出口至中国	份额
美国	270 077.749 2	658.266 7	0.243 7	265 056.664 0	58 014.176 0	21.887 5
智利	130 297.372 8	4.154 7	0.003 2	183 304.042 0	28 936.532 0	15.786 1
新西兰	153 927.178 0	506.115 7	0.328 8	151 952.658 2	29 007.928 0	19.090 1
日本	6 562.038 9	64.512 2	0.983 1	10 612.845 7	170.613 0	1.607 6
合计	560 864.338 9	1 233.049 3	0.219 8	610 926.209 9	116 129.249 0	19.008 7

（续）

国家或地区	2004—2006 年			2006—2011 年		
	总出口额	出口至中国	份额	总出口额	出口至中国	份额
美国	144 411.010 2	4 018.990 7	2.783 0	451 512.895 5	13 328.511 8	2.952 0
智利	117 667.521 9	2 926.689 6	2.487 3	326 389.964 4	19 477.377 4	5.967 5
新西兰	79 728.318 6	1 022.173 9	1.282 1	148 993.734 4	1 302.616 9	0.874 3
日本	12 457.065 4	39.025 5	0.313 3	40 104.988 5	815.204 0	2.032 7
合计	354 263.916 1	8 006.879 7	2.260 1	967 001.582 8	34 923.710 1	3.611 5

数据来源：联合国贸易统计数据库（1992—2012），中国海关总署数据（1992—2012）。

综上所述，本章将贸易主体划分为智利、美国、新西兰和日本，共 4 个国家，并将中国苹果进口贸易的样本期间划分为 4 个时期，分别为低位徘徊期（1992—1998 年）、起步增长期（1998—2004 年）、衰退期（2004—2006 年）和快速增长期（2006—2011 年）。

4.4 模型结果

4.4.1 估计结果与整体判断

恒定市场份额模型的一阶分解结果显示（表 4-4），世界总需求因素、进口引力因素、进口结构因素共同影响中国苹果进口贸易。

在低位徘徊期（1992—1998 年），影响中国苹果进口增长的引力效果（97.04%）最大，结构效果（0.21%）和二阶效果（2.75%）较小，说明在该时期世界苹果进口需求对中国苹果进口需求的拉动力很小，中国苹果进口需求增长主要依靠国内进口引力的提高。

在起步增长期（1998—2004 年），影响中国苹果进口增长的引力效果为 73.54%，二阶效果增加为 23.96%，结构效果最小为 2.50%，说明在该时期由于受到 1997 年亚洲金融危机的影响，世界苹果总的进口需求对中国苹果进口的拉动力仍旧较小，中国苹果的进口增长主要依靠中国进口引力的提高。

在衰退期（2004—2006 年），影响中国苹果进口增长的结构效果则上升为 161.92%，而引力效果和二阶效果下降为 -151.59% 和 -110.33%，说明这一时期世界苹果进口需求增加对中国苹果进口产生了正向了推动作用，而进口引力疲软、国内苹果进口引力变化与世界苹果进口变化方向相反导致了该时期中国苹果进口的衰退。

在快速增长期（2006—2011 年），由于受到 2008 年美国次贷危机引起的全球金融危机和 2010 年欧债危机的影响，世界苹果主要进口国苹果进口需求减少，其对中国苹果进口量的拉动力降低为 8.37%，而这一时期，中国国内苹果生产要素价格上涨，生产效率低下等因素导致国产苹果竞争力下降，进口引力增强，引力效果增至 95.01%，该时期国内进口苹果需求引力是中国苹果进口贸易增长的主要原因。

4.4.2　中国苹果进口增长的因素分解

由表 4-4 模型二阶分解结果可知，中国苹果进口贸易增长影响主要包括世界经济影响、国内经济影响、市场结构影响，以及这些因素的交互影响。

4.4.2.1　世界经济影响

恒定市场份额模型中，增长效果描述的是世界苹果进口贸易增长导致的中国苹果进口贸易增长的部分，该效果能够直接反应世界经济环境对中国苹果进口贸易变化的影响。在起步增长期（1998—2004 年），增长效果为 5.11%，主要是因为 1997 年亚洲金融危机引起亚洲甚至世界范围内的货币贬值，进口成本增加，导致苹果主要进口国家（组织），如俄罗斯、欧盟、东南亚等的苹果进口需求减少，世界苹果贸易发展缓慢，因此对中国进口需求的拉动作用有限。在衰退期（2004—2006 年），增长效果上升至 92.42%，比起步增长期增加 17.09 倍，世界经济对中国苹果进口贸易的发展愈发重要，虽然中国约 92.42% 的苹果进口增加是由于世界经济增加，但是由于这一时期中国苹果进口引力缩减巨大，仍然导致中国苹果进口贸易降低。在快速增长期（2006—2011 年），增长效果重新回到 7.41%，与起步增长期相似，中国苹果进口贸易 95.01% 的增长是中国苹果进口引力效应带来的，而不是世界经济整体增长或进口市场结构调整的结果。

恒定市场份额模型中，纯二阶效果描述的为中国苹果进口引力的变化与世界苹果进口需求的变化趋势是否相同。模型结果显示（表 4-4），在低位徘徊期（1992—1998 年）、起步增长期（1998—2004 年）和快速增长期（2006—2011 年），纯二阶效果的贡献均为正，表明在这三个时期中国苹果进口引力的变化方向始终与世界苹果总体进口需求的变化方向保持一致，即当世界苹果进口需求扩张时，中国也呈现了一定的苹果进口引力；当世界进口需求缩减时，中国苹果进口引力也随之衰退，体现了世界经济对于中国苹果进口引力乃至进口贸易增长的影响，就中国而言，苹果进口引力随世界经济波动而变化。而在衰退期（2004—2006），纯二阶效果的贡献均为负，表明在这一时期中国苹果进口引力的变化方向与世界苹果总体进口需求的变化方向相反。

4.4.2.2 国内经济影响

恒定市场份额模型中，引力效果反映的是影响中国苹果进口增长的国内经济环境，依据 CMS 模型的二阶分解，该效果被进一步分解为整体引力效果和具体引力效果。就整体引力效果而言，在起步增长期（1998—2004 年），随着中国苹果进口贸易市场开放度渐趋提高，呈现给世界苹果贸易国一个无比巨大的市场，61.62% 的整体引力效果反映了该时期中国较强的苹果进口引力。然而随着国内苹果生产结构调整、生产效率提高，国产苹果竞争力增强使中国苹果进口引力急剧下滑，整体引力效果一度下降为 −168.88%。在衰退期（2004—2006 年），中国苹果进口减少的主要原因是整体引力下降。在快速增长期（2006—2011 年），由于国内要素价格普遍、持续上涨，尤其是劳动力工资、建园及果园运行过程中的物质投入要素价格、果园经营管理过程中的服务费用普遍、持续上涨，导致苹果生产及经营者面临成本推进型涨价压力。同时按照世贸组织的规定，2004 年中国苹果的进口贸易关税从 40.00% 下降至13.00%，关税的下调降低了中国苹果进口成本，且由于国内消费者对高端优质苹果需求增加，导致中国市场对进口苹果的需求增加，进口引力恢复，整体引力效果回升至 80.86%。就具体引力而言，该效果在 3 个时期都为正，这意味着中国对世界苹果具体出口国的进口引力一直保持着积极的促进作用，近期，具体引力稍有下降，该效果由起步增长期的 11.92% 和衰退期的 17.29% 下降为快速增长期的 14.15%。

4.4.2.3 进口市场结构影响

恒定市场份额模型中，市场效果描述的是中国苹果进口结构对中国苹果进口贸易的影响。由于中国主要苹果进口市场结构为智利、美国、新西兰和日本。

由模型估计结果可以看出：

在起步增长期（1998—2004 年），市场效果为 −2.61%，主要因为这一时期中国前两大苹果进口来源地智利和美国的苹果出口发展缓慢，1998—2004年，美国苹果出口量由 58.22 万吨降低至 49.17 万吨，年均下降比率为4.14%；智利苹果出口量总体上呈现先降后升的发展趋势，1998—2002 年智利苹果出口量由 53.87 万吨下降至 41.64 万吨，年均下降比率为 6.24%，从

2003 年开始智利苹果出口量才开始回升。而在此期间，世界苹果总体出口发展较快，世界出口总量由 467.65 万吨增加至 650.00 万吨，年均增长率达到5.64%，这也能够进一步从这一时期中国苹果进口额占主要进口来源地的出口份额比重较高得到进一步证实。因此，在起步增长期中国苹果进口主要集中于苹果出口供给比世界总体供给发展缓慢的国家和地区。

在衰退期（2004—2006 年），市场效果上升为 69.50%，表明中国苹果进口结构明显好转，苹果进口主要集中于出口供给比世界总体供给发展快的地区。在中国主要的进口伙伴国中，美国、智利和新西兰都是世界上主要的苹果出口国，与苹果主要出口国的贸易往来是影响中国苹果进口贸易增加的因素之一。

在快速增长期（2006—2011 年），由于受到 2007 年全球金融危机的影响，世界主要苹果生产国和出口国由于国内消费能力下降、市场饱和，导致苹果出口需求增加，出口价格下降，加之国内通货膨胀，原材料价格全面上涨，进一步刺激了中国苹果的进口需求。另据国家现代苹果产业技术体系预测，2010—2015 年国内苹果年均需求量为 2 800 万吨左右，其中，高端市场需求量约为350 万吨，中端市场需求量约为 600 万吨，且随着居民收入的增加，高端和中端的消费需求将占到中国苹果总需求的 33.91%（国家现代苹果产业技术体系，2011；孙佳佳和霍学喜，2013），因此，这一时期国内外苹果供求结构的动态均衡过程是导致中国苹果进口贸易增长的主要因素。

表 4-4　恒定市场份额模型分解结果

单位：万美元，%

项目	1992—1998 年		1998—2004 年		2004—2006 年		2006—2011 年	
	进口额	百分比	进口额	百分比	进口额	百分比	进口额	百分比
测算增长	192.72	100.00	2 731.68	100.00	−419.32	−100.00	8 975.41	100.00
1. 结构效果	0.40	0.21	68.50	2.50	678.95	161.92	751.24	8.37
增长效果	0.09	0.05	139.73	5.11	387.52	92.42	665.08	7.41
市场效果	0.31	0.16	−71.23	−2.61	291.43	69.50	86.16	0.96
2. 引力效果	187.01	97.04	2 008.77	73.54	−635.65	−151.59	8 527.54	95.01
整体引力效果	209.24	108.57	1 683.14	61.62	−708.16	−168.88	7 257.52	80.86
具体引力效果	−22.22	−11.53	325.63	11.92	72.51	17.29	1 270.02	14.15

（续）

项目	1992—1998 年		1998—2004 年		2004—2006 年		2006—2011 年	
	进口额	百分比	进口额	百分比	进口额	百分比	进口额	百分比
3. 二阶效果	5.31	2.75	654.41	23.96	−462.62	−110.33	−303.37	−3.38
纯二阶效果	0.25	0.13	1 000.42	36.62	−83.74	−19.97	1 262.84	14.07
动态结构残差	5.06	2.62	−346.01	−12.66	−378.88	−90.36	−1 566.21	−17.45

4.5 主要结论

（1）中国苹果进口引力对中国苹果进口增长的影响最大。除衰退期（2004—2006 年）之外，在低位徘徊期（1992—1998 年）、起步增长期（1998—2004 年）和快速增长期（2006—2011 年），中国苹果进口引力效果均为正，且贡献率均达到 90% 以上，在中国苹果进口增长中起到决定性作用。因此，未来中国苹果产业应着眼于技术创新、栽培模式创新、农村劳动力资源开发等方面，缓解苹果生产成本上升，提高果品质量，保持苹果产业的内生比较优势。此外苹果主产区各级地方政府应围绕产业组织培育、产业结构优化、产业布局调整等方面为苹果产业发展提供良好的发展环境。提高中国苹果质量、价格等竞争力是控制中国苹果进口的主要途径。

（2）世界苹果贸易规模对中国苹果进口增长贡献除衰退期（2004—2006 年）（161.92%）较大之外，对其余三个时期中国苹果进口增长的贡献均较小，不是中国苹果进口增长的主要影响因素。

（3）在中国苹果进口增长过程中，二阶效果由低位徘徊期（1992—1998 年）和起步增长期（1998—2004 年）的正值转变为衰退期（2004—2006 年）和快速增长期（2006—2011 年）的负值。表明 1992—2011 年中国苹果进口来源地结构不合理，进口来源市场集中度过高，是导致中国苹果进口风险增加的主要原因。因此，降低中国苹果进口来源地的集中程度是缓解中国苹果进口量快速增长，调控中国苹果进口贸易的重要手段。

4.6 本章小结

本章利用 1992—2011 年中国和世界其他国家或地区的苹果贸易数据，运用 CMS 二阶分解模型，在城市化快速推进，生产资料成本上升，科技管理水平滞后的产业发展环境中，分析影响中国苹果进口需求增长的因素。依据中国苹果进口规模变化情况，将中国苹果进口阶段划分为低位徘徊期（1992—1998年）、起步增长期（1998—2004 年）、衰退期（2004—2006 年）和快速增长期（2006—2011 年）4 个发展阶段。模型分析结果表明，中国苹果进口贸易增长主要受世界经济、国内经济、市场结构以及这些因素的交互影响。

从模型结果来看，中国苹果进口引力对中国苹果进口增长的影响最大，即国内市场需求因素是导致中国苹果进口持续快速增长的最主要因素，因而本书第 5、6、7 章均围绕中国进口苹果国内市场需求特征和消费者消费行为特征进行研究，试图揭示中国苹果进口快速增长的内在驱动力和影响机制。

第5章 中国苹果进口需求分析

5.1 引言

中国是世界上最大的苹果生产国，也是国际市场上重要的苹果出口国。但20世纪90年代以来，随着中国人均收入水平提高、国内苹果生产成本持续上升、国内外苹果生产、供给的气候和季节性因素变化、中国消费者偏好及需求多元化，以及中国农业贸易不断开放，中国苹果进口需求面临持续、快速增长的态势（Atkin and BLADFORD 1982；Gotlieb 1992；霍学喜等，2012）。1992—2012年中国苹果进口量由0.07万吨增长到6.15万吨，进口金额由70.95万美元增长到9234.20万美元，年均增长率分别高达25.08%和27.56%（联合国贸易统计数据库，1992—2013）；2000—2011年中国主要苹果进口来源地集中于智利（41.46%）、美国（42.03%）、新西兰（13.63%）和日本（0.60%），占中国苹果进口总量的97.72%（中国海关总署数据，2000—2012）。因此，在世界总体苹果进口需求增加、进口市场集中度提高及中国苹果进口引力逐渐增强的市场环境中，研究中国消费者进口苹果需求预算和价格变动对进口苹果需求的影响，分析中国主要苹果进口来源地之间的替代关系，揭示中国苹果进口快速增长的内在机理，探索中国苹果进口对苹果产业发展的影响，对提升国产苹果竞争力，有效管控中国苹果进口贸易有重要意义。

国内学者对水果或果汁市场需求的研究文献，主要集中在中国苹果的国内或主要出口国市场占有率、可比净出口指数、显示性比较优势等竞争力分析（庞守林和田志宏，2004；赵佳和方天堃，2005；王秀娟和郑少锋，2006），以及国产苹果的消费现状、消费特征、需求弹性特征以及供求均衡状态方面（石建平，2010）。有的学者从微观视角，分析中国苹果消费特征及其苹果消费影响因素（常平凡，2002；刘汉成，2003；孙佳佳和霍学喜，2013），运用一般化需求系统与其嵌套的四种模型，分析美国和日本的果汁进口需求，测算两国对中国苹果汁的支出弹性和价格弹性，并分析出口国之间和果汁产品之间的替代影响（贺蕾等，2011）。上述研究成果，为本书提供了重要参考依据。国外学者主要运用鹿特丹模型、AIDS 模型以及嵌套的需求系统模型，研究水果或果汁行业的需求弹性及其敏感性，不同来源国家产品间的替代关系，进口结构调整和福利变动，以及商品贸易流向预测、关税贸易政策优化等方面（Feleke et al.，2009；Lee et al.，1992；Nzaku et al.，2012；Schmitz and Seale，2002；Seale Jr et al.，1992）。

　　可见，已有文献中缺少针对中国进口果蔬尤其是进口苹果需求方面的相关研究。更为重要的是，部分文献在运用需求系统模型时，忽视了需求函数加总性、齐次性和对称性及模型自变量内生性等约束条件。因此，本书试图在借鉴国内外已有研究成果基础上，利用中国苹果进口贸易数据，检验进口苹果需求函数模型的加总性、齐次性、对称性，选择满足需求函数约束条件、适宜中国苹果进口数据的研究模型，测算中国进口苹果需求支出弹性和价格弹性，分析中国苹果主要进口来源地之间的替代关系，并围绕完善苹果进口贸易政策提出对策建议。

5.2　进口苹果和国产苹果市场差异化分析

　　产品差异的本质是企业或其他经济组织通过设计、生产和输出同类但存在产品属性、价格、功能、包装、广告、服务和地理位置差异的产品，引发消费者的特殊消费动机和偏好，使消费者能够有效区分竞争性企业或组织所提供的产品（Christou and Vettas，2008；Theilen，2012）。Sun 和 Collins（2006）研究认为中国消费者将进口水果作为礼品的用途，是使得进口水果区别于国产水果的主要原因。进口苹果的稀缺性和高价格能够满足消费者对奢侈品的虚荣心理，在高端苹果市场上，进口苹果相对于国产苹果具有非替代性（Zhou，2011）。中国苹果产业技术体系（2012）研究认为季节性差异引起的种植品种差异导致进口苹果和国产苹果存在差异。因此，本书从进口苹果和国产苹果的品种、质量、价格及消费者的消费动机和目的方面分析进口苹果和国产苹果的差异化，从而确定进口苹果在中国苹果市场的位值。

5.2.1　品种和质量差异

　　中国国产苹果以红富士为主，其产量占全国苹果总产量的 65%。苹果主产省山东富士苹果种植面积和产量分别占全省 70.21% 和 76.18%，陕西省富士苹果种植面积和产量分别占全省 75.68％ 和 81.37％，除甘肃的红元帅（花牛）苹果的产量占全省比例略高之外，其他苹果主产区如河南、河北、甘肃、山西和辽宁的富士品种比例也占其苹果生产总量 60％ 以上，元帅系，嘎拉系、红王将、乔纳金等早中熟品种主要作为搭配品种零星分布于黄土高原优势区和渤海湾优势区，其产量占全国苹果总产量不足 15％，商品果率比例仅 30％（农业部，2008；木生和田琳，2012）。而根据国家市场监督管理总局的规定，中国允许进境的苹果种类及输出国家和地区主要有泰国、日本、美国（华盛顿州和爱达荷州的蛇果和金冠）、阿根廷、智利、法国、澳大利亚和新西兰。中国海关数据资料显示，2001—2012 年中国实际进口苹果的来源国和品种分别为智利［蛇果 50.33％、青苹果 7.53％、加纳果（嘎啦果）36.14％］、美国（蛇果）、新西兰（红玫瑰）和日本（富士），中国苹果进口主要弥补国内早中熟苹果市场短缺。虽然随着苹果加工产业和消费市场需求多元化、优质化，嘎拉、美八、藤牧一号等早中熟品种，以及金红、澳大利亚青苹等适宜加工的高酸苹果品种逐渐在具有温度和地理优势的黄河故道及西南冷凉高地苹果优势区形成规模生产，但栽培标准化程度、基础设施、病虫害防治、水肥利用等果园管理水平低下，采后商品化处理、气调贮藏、冷链物流体系等产后环节不健全，以及营销能力和组织化程度低，造成国产早中熟苹果产量少、品质低，缺乏品牌效应。

5.2.2 消费动机和消费目的差异

由于进口苹果消费者所处的消费群体、消费预期和消费者心理不同，导致消费者对进口苹果的需求偏好和消费目的也不相同（江林，2005）。本课题组 2012 年消费者苹果消费行为调查显示[①]，消费者购买国产苹果主要用于个人和家庭食用型消费。而 72.50％ 的消费者购买进口苹果的动机出于交际和公关需要，目的是显示礼节和彰显身份；14.25％ 的消费者由于受外界追求时尚、产品外观等信息的刺激，出于对高端或新产品的猎奇心理动机，目的是尝鲜；13.25％ 的消费者购买进口苹果的动机是出于质量安全和营养健康考虑，目的是用于个人和家庭消费，因而对苹果品牌及颜色、外观、包装、质量等要求较高，而国产苹果由于缺乏品牌效应及产品标准化程度低等限制，无法满足消费者的需求。且调查显示，同等价格的国产苹果和进口苹果，76.25％ 的消费者

---

① "现代苹果产业技术体系"苹果产业经济研究室"消费者进口苹果消费行为"调研课题组，以下简称"本课题组"。

由于对进口苹果果品外形、质量和品牌的认可，选择进口苹果作为礼品果；仅23.75%的消费者考虑到国产苹果的口味和品种，选择国产苹果作为礼品果。

5.2.3　价格差异

价格差异是厂商用以区别自身产品与竞争对手产品的营销策略，价格差异能够通过产品真实价格差异和消费者心理感知的价格差异体现（Linz，2010；Oliveira‐Castro，2008）。消费者心理感知的价格又称价格心理，是指消费者在购买过程中对产品价格刺激的心理反应及外在表现，由消费者的个性心理及消费者价格的知觉判断构成。消费者的价格判断受其心理因素和销售场地、环境、商品等客观因素的制约，因而消费者价格判断具有主观性和客观性双重性质。通过研究消费者价格心理，能够掌握消费者对价格及其变动的心理反应与行为规律，从而为决策者制定既符合消费者心理需求，又能增加收益的合理价格提供理论依据。

本书借鉴陈伟超（2006）对中国柑橘市场价格的研究方法，运用四维价格敏感度模型（PSM）对中国苹果市场按照价格进行等级划分，明确国产苹果和进口苹果的价格差异。消费者价格敏感度测试模型能够基于消费者在购买过程中对价格刺激的心理反应。结合销售环境和产品或服务自身属性，设定其涵盖的价格梯度，确定消费者对产品或服务价格的可接受范围，依据价格累加频率确定产品或服务的最优定价点及次优定价点，为产品等级划分和有效的需求预测提供依据（Pinnell，1994；Van Westendorp，1976；陈伟超，2006）。

四维价格敏感度模型的具体做法是，首先，通过询问消费者获得4种价格：①消费者认为太便宜，以至于怀疑苹果的质量而不购买的价格；②消费者认为比较便宜的苹果价格；③消费者认为比较贵但仍可接受的苹果价格；④消费者认为太贵以至于不能接受的苹果价格。其次，对每个价格点的比例进行累加处理，若消费者认为某个价格点是其所能接受的最低价格，则低于该价格点的价格消费者也不会接受，因而对于消费者认为太便宜的和便宜的价格按下降的顺序进行累加。同样，若消费者认为某个价格点是其所能接受的最高价格，则高于该价格点的价格消费者也不会接受，因而对于消费者认为较贵和太贵的价格则按照上升的顺序进行累加。

本书运用源自北京、上海、广州、西安400位苹果消费者的苹果价格认知的实地调研数据，计算获得的消费者苹果价格可接受累加频率结果如表5-1所示。

表 5-1 中国苹果价格调查四维度法数数据录入表

价格(元/千克)	太便宜		便宜		贵		太贵		不可接受	可以接受
	比例	cf_p^1	比例	cf_p^2	比例	cf_p^3	比例	cf_p^4	cf_p^5	cf_p^6
1.00	2.50%	100%	0.00%	100.00%	0.00%	0.00%	0.00%	0.00%	100.00%	0.00%
2.00	16.75%	97.50%	1.00%	100.00%	0.00%	0.00%	0.00%	0.00%	97.50%	0.00%
3.00	5.25%	80.75%	1.25%	99.00%	0.00%	0.00%	0.00%	0.00%	80.75%	1.00%
4.00	39.75%	75.50%	3.75%	97.75%	0.00%	0.00%	0.00%	0.00%	75.50%	2.25%
5.00	4.50%	35.75%	5.25%	94.00%	0.00%	0.00%	0.00%	0.00%	35.75%	6.00%
6.00	20.75%	31.25%	15.25%	88.75%	0.50%	0.50%	0.00%	0.00%	31.25%	10.75%
7.00	0.75%	10.50%	12.50%	73.50%	0.75%	1.25%	0.00%	0.00%	10.50%	25.25%
8.00	5.00%	9.75%	18.00%	61.00%	3.50%	4.75%	0.00%	0.00%	9.75%	34.25%
9.00	0.00%	4.75%	8.00%	43.00%	1.00%	5.75%	0.25%	0.25%	5.00%	51.25%
10.00	2.25%	4.75%	17.00%	35.00%	9.75%	15.50%	1.75%	2.00%	6.75%	49.50%
11.00	0.00%	2.50%	3.75%	18.00%	4.50%	20.00%	0.25%	2.25%	4.75%	62.00%
12.00	0.50%	2.50%	3.50%	14.25%	11.25%	31.25%	3.75%	6.00%	8.50%	54.50%
13.00	0.00%	2.00%	2.00%	10.75%	4.75%	36.00%	0.75%	6.75%	8.75%	53.25%
14.00	0.25%	2.00%	2.25%	8.75%	8.75%	44.75%	4.50%	11.25%	13.25%	46.50%
15.00	0.00%	1.75%	0.75%	6.50%	5.25%	50.00%	2.25%	13.50%	15.25%	43.50%
16.00	1.00%	1.75%	0.75%	5.75%	10.50%	60.50%	8.75%	22.25%	24.00%	33.75%
17.00	0.00%	0.75%	0.00%	5.00%	2.75%	63.25%	1.50%	23.75%	24.50%	31.75%
18.00	0.00%	0.75%	0.25%	5.00%	4.00%	67.25%	6.50%	30.25%	31.00%	27.75%
19.00	0.00%	0.75%	0.00%	4.75%	0.25%	67.50%	0.50%	30.75%	31.50%	27.75%
20.00	0.75%	0.75%	2.75%	4.75%	16.50%	84.00%	22.25%	53.00%	53.75%	11.25%

（续）

价格 （元/千克）	太便宜 比例	cf_p^1	便宜 比例	cf_p^2	贵 比例	cf_p^3	太贵 比例	cf_p^4	不可接受 cf_p^5	可以接受 cf_p^6
21.00	0.00%	0.00%	0.00%	2.00%	0.75%	84.75%	3.75%	56.75%	56.75%	13.25%
22.00	0.00%	0.00%	0.25%	2.00%	0.50%	85.25%	3.25%	60.00%	60.00%	12.75%
23.00	0.00%	0.00%	0.00%	1.75%	0.50%	85.75%	0.00%	60.00%	60.00%	12.50%
24.00	0.00%	0.00%	0.75%	1.75%	1.00%	86.75%	5.00%	65.00%	65.00%	11.50%
25.00	0.00%	0.00%	0.75%	1.00%	0.50%	87.25%	1.75%	66.75%	66.75%	11.75%
26.00	0.00%	0.00%	0.25%	0.25%	1.00%	88.25%	2.25%	69.00%	69.00%	11.50%
27.00	0.00%	0.00%	0.00%	0.00%	0.25%	88.50%	0.00%	69.00%	69.00%	11.50%
28.00	0.00%	0.00%	0.00%	0.00%	0.25%	88.75%	0.50%	69.50%	69.50%	11.25%
29.00	0.00%	0.00%	0.00%	0.00%	0.00%	88.75%	0.00%	69.50%	69.50%	11.25%
30.00	0.00%	0.00%	0.00%	0.00%	5.75%	94.50%	10.00%	79.50%	79.50%	5.50%
31.00	0.00%	0.00%	0.00%	0.00%	0.00%	94.50%	0.75%	80.25%	80.25%	5.50%
32.00	0.00%	0.00%	0.00%	0.00%	0.25%	94.75%	1.00%	81.25%	81.25%	5.25%
33.00	0.00%	0.00%	0.00%	0.00%	0.00%	94.75%	0.50%	81.75%	81.75%	5.25%
34.00	0.00%	0.00%	0.00%	0.00%	0.25%	95.00%	0.00%	81.75%	81.75%	5.00%
35.00	0.00%	0.00%	0.00%	0.00%	0.75%	95.75%	0.00%	81.75%	81.75%	4.25%
36.00	0.00%	0.00%	0.00%	0.00%	0.75%	96.50%	1.00%	82.75%	82.75%	3.50%
37.00	0.00%	0.00%	0.00%	0.00%	0.00%	96.50%	0.00%	82.75%	82.75%	3.50%
38.00	0.00%	0.00%	0.00%	0.00%	0.00%	96.50%	0.25%	83.00%	83.00%	3.50%
39.00	0.00%	0.00%	0.00%	0.00%	2.25%	98.75%	0.00%	83.00%	83.00%	3.50%
40.00	0.00%	0.00%	0.00%	0.00%	0.00%	98.75%	8.50%	91.50%	91.50%	1.25%
41.00	0.00%	0.00%	0.00%	0.00%	0.00%	98.75%	1.75%	93.25%	93.25%	1.25%
42.00	0.00%	0.00%	0.00%	0.00%	0.00%	98.75%	0.00%	93.25%	93.25%	1.25%

（续）

价格(元/千克)	大便宜		便宜		贵		大贵		不可接受	可以接受
	比例	cf_p^1	比例	cf_p^2	比例	cf_p^3	比例	cf_p^4	cf_p^5	cf_p^6
43.00	0.00%	0.00%	0.00%	0.00%	0.00%	98.75%	0.00%	93.25%	93.25%	1.25%
44.00	0.00%	0.00%	0.00%	0.00%	0.00%	98.75%	0.25%	93.50%	93.50%	1.25%
45.00	0.00%	0.00%	0.00%	0.00%	0.00%	98.75%	0.00%	93.50%	93.50%	1.25%
46.00	0.00%	0.00%	0.00%	0.00%	0.00%	98.75%	0.00%	93.50%	93.50%	1.25%
47.00	0.00%	0.00%	0.00%	0.00%	0.00%	98.75%	0.00%	93.50%	93.50%	1.25%
48.00	0.00%	0.00%	0.00%	0.00%	0.00%	98.75%	0.00%	93.50%	93.50%	1.25%
49.00	0.00%	0.00%	0.00%	0.00%	0.00%	98.75%	0.00%	93.50%	93.50%	1.25%
50.00	0.00%	0.00%	0.00%	0.00%	0.50%	99.25%	1.75%	95.25%	95.25%	0.75%
51.00	0.00%	0.00%	0.00%	0.00%	0.00%	99.25%	0.00%	95.25%	95.25%	0.75%
52.00	0.00%	0.00%	0.00%	0.00%	0.00%	99.25%	0.00%	95.25%	95.25%	0.75%
53.00	0.00%	0.00%	0.00%	0.00%	0.00%	99.25%	0.00%	95.25%	95.25%	0.75%
54.00	0.00%	0.00%	0.00%	0.00%	0.00%	99.25%	0.00%	95.25%	95.25%	0.75%
55.00	0.00%	0.00%	0.00%	0.00%	0.25%	99.50%	0.00%	95.25%	95.25%	0.50%
56.00	0.00%	0.00%	0.00%	0.00%	0.00%	99.50%	0.00%	95.25%	95.25%	0.50%
57.00	0.00%	0.00%	0.00%	0.00%	0.00%	99.50%	0.00%	95.25%	95.25%	0.50%
58.00	0.00%	0.00%	0.00%	0.00%	0.00%	99.50%	0.00%	95.25%	95.25%	0.50%
59.00	0.00%	0.00%	0.00%	0.00%	0.00%	99.50%	0.00%	95.25%	95.25%	0.50%
60.00	0.00%	0.00%	0.00%	0.00%	0.50%	100.00%	4.75%	100.00%	100.00%	0.00%

注：表中价格上限和下限的选取是依据消费者调查问卷中的上限值和下限值确定的，间隔为 1.00 元/千克。

表5-1中：

cf_p^1 表示认为 P 价格水平为其所接受的价格下限的消费者累加比例；

cf_p^2 表示认为 P 价格水平为比较便宜的价格的消费者累加比例；

cf_p^3 表示认为 P 价格水平为较贵但仍可接受的消费者累加比例；

cf_p^4 表示认为 P 价格水平为其所接受的价格上限的消费者累加比例；

$cf_p^5 = cf_p^1 + cf_p^4$，表示每个价格点的消费者接受比例；

$cf_p^6 = 1 - (cf_p^2 + cf_p^3)$，表示每个价格点的消费者不接受比例。

图5-1 显示的是苹果的四种价格累加频率曲线（cf_p^1、cf_p^2、cf_p^3、cf_p^4）相交所形成的价格区域，其中，cf_p^1 和 cf_p^3 的交点 P_1 为苹果最低交易价格；cf_p^2 和 cf_p^4 的交点 P_4 为苹果最高上限价格。P_1 与 P_4 之间的价格范围为"苹果的核心接受价格范围"。本书通过对苹果消费者的苹果可接受价格范围进行价格敏感度分析可知，中国苹果最低交易价格 P_1 与最高上限价格 P_4 之间的价格范围（7.00～14.00元/千克）为"苹果核心接受价格范围"，即表5-1中所示的苹果不可接受累加频率 cf_p^5 的值最小的区域，此区域里的价格是符合消费者对苹果认知和判断的合适的心理价位，既非贵也非便宜。若苹果价格高于最高上限价格14.00元/千克，则属于消费者心理价位的高端产品。

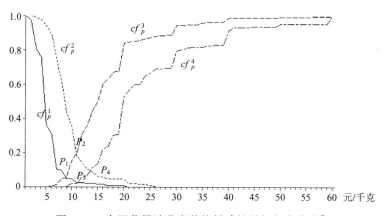

图5-1　中国苹果消费者价格敏感性累加频率曲线[①]

[①]　cf_p^1："太便宜"累加频率曲线；cf_p^2："便宜"累加频率曲线；cf_p^3："贵"累加频率曲线；cf_p^4："太贵"累加频率曲线。

通过定点走访江南水果批发市场、北京新发地水果批发市场、上海龙吴进口果蔬批发交易市场等国内主要的进口苹果批发市场，在确定国内进口苹果主要分销流向的基础上，依据地区经济发展不平衡的特点将东部地区的上海市、南部地区的广州市、西部地区的西安市和北部地区的北京市作为调研消费者进口苹果购买价格及比较国产和进口苹果价格差别的样本城市，调查发现，消费者购买进口苹果的最低价格为上海和西安地区消费者的 12.00 元/千克，分别占该地区样本总量的 7.00% 和 1.00%；消费者购买进口苹果的最高价格为上海地区消费者的 50.00 元/千克，占该地区样本总量的 2.00%；平均购买价格为 27.75 元/千克（表 5-2）。经统计，以低于消费者心理上限价格 14.00 元/千克购买进口苹果的消费者仅占 3.25%，85.25% 的消费者购买的进口苹果在 20.00~36.00 元/千克。因此，进口苹果属于中国苹果消费者心理价位的高端苹果。

综上所述，通过比较进口苹果和国产苹果的产品属性、价格和质量、消费群体特征等影响潜在消费者对国产苹果和进口苹果的属性、品牌和整个市场总体感知的因素，明确国产苹果和进口苹果的产品差异，确定进口苹果相对于国产苹果在中国苹果市场和消费者心理上所占据的位置，明确中国苹果市场上的国产苹果和进口苹果之间的非替代性。即中国进口苹果主要满足中国消费者苹果消费需求偏好的多元化、高端化，尤其在高端、特色产品市场上与国产苹果替代性较弱，为本书进行中国苹果进口需求弹性分析提供理论依据。即本书在对中国苹果进口需求弹性估计时，假定中国苹果自产量不影响苹果进口量，满足国产苹果与进口苹果弱可分离的假设条件。

表 5-2　消费者进口苹果购买价格描述性统计

单位：元/千克，%

城市	均值	中位值	最小值		最大值		标准差
			统计量	占比	统计量	占比	
北京	26.57	28.00	16.00	3.00	36.00	7.00	5.79
上海	27.99	30.00	12.00	7.00	50.00	2.00	9.03
广州	26.69	26.00	15.00	5.00	40.00	10.00	7.14
西安	30.00	30.00	12.00	1.00	40.00	4.00	4.78
总体	27.75	30.00	12.00	2.00	50.00	0.25	6.94

资料来源：本课题组 2012 年进口苹果消费行为调查。

5.3　数据说明及模型选择

本书所采用的数据源自 2000 年 1 月—2012 年 12 月中国海关所公布的中国苹果进口来源地的贸易统计数据，共 156 组样本值。其中，进口单价为进口金额（美元）除以进口量（千克）。由于中国进口苹果的月度数据存在缺失值，为保证贸易数据集的完整性，提高数据分析和统计推断的效率，减小由于数据缺失造成的模型估计偏差，在运用需求系统模型估计之前，需选择合理数据代替缺失数据进行缺失值的插补。

5.3.1　缺失值插补

本研究数据中的缺失值处理有两种类型：①特定时间点内未发生苹果进口贸易的数量缺失值采用"1"，缺失进口金额为进口数量与进口单价乘积。②属于外生变量的中国苹果进口单价缺失值采用缺失值插补方法进行插补。通常替代数据的来源可以将缺失值插补方法分为均值差补法、随机抽取差补法和回归法三类（金勇进和朱琳，2000）。数理统计研究认为外生变量的缺失值不适宜采用回归方法进行预测，而时序插补方法更适合具有时间序列相关关系的缺失值插补（Booth，2000；杨军等，2009）。因此，本书选取时序插补方法中的季节比率方法对存在月度单价缺失值的智利、新西兰、日本和其他国家或地区的苹果进口单价缺失值进行插补。

5.3.2　数据的统计特征

2000 年 1 月—2012 年 12 月中国苹果进口主要来源国苹果单位价格、市场份额、预算份额如表 5-3 所示。从市场份额来看，作为中国苹果主要进口国的智利和美国始终保持优势地位，平均市场需求量分别占中国苹果历年进口总量的 45.70% 和 41.26%，其中月进口量的最大值分别为 7 562.60 吨和 6 658.01 吨，分别占当年中国苹果进口总量的 13.98% 和 10.83%；其次为新西兰和日本，平均市场需求量分别占中国苹果历年进口量总和的 12.16% 和 0.32%；其他国家或地区的平均市场需求量占中国苹果历年进口总量的 0.56%。从预算份额来看，中国进口美国苹果的预算份额最高，约占中国苹果进口总额的 47.75%，最高月份达 99.98%，而进口苹果需求量最大的智利的预算份额仅为 37.24%，预算份额最高月份为 85.14%；其次为新西兰和日本，平均预算份额分别占中国苹果历年进口总额的 13.03％和 1.18％；其他国家或地区的平均预算份额占中国苹果历年进口总额的 0.80％。从平均进口单价来看，中国进口苹果平均单价最高的是日本，平均单价为 4.07 美元/千克，最高单价为 11.84 美元/千克；其次为美国和智利，平均单价分别为 0.89 美元/千克和 0.87 美元/千克，最高单价分别为 1.65 美元/千克和 1.63 美元/千克；新西兰苹果的平均进口单价最低，为 0.83 美元/千克；其他国家或地区的平均进口单价为 1.10 美元/千克。

此外，通过对中国国产苹果和进口苹果的差异化分析发现，中国国产苹果和进口苹果在高端、特色产品市场的替代性较弱。因此，在中国苹果进口需求弹性估计时，假定中国苹果自产量不影响苹果进口量，满足国产苹果与进口苹果弱可分离的假设条件。

表 5-3　主要苹果进口来源国单位价格、市均份额与预算份额的描述性统计

国别	均值	中位值	最小值	最大值	标准差
单价（美元/千克）					
智利	0.87	0.80	0.33	1.63	0.33
美国	0.89	0.79	0.38	1.65	0.38
新西兰	0.83	0.80	0.34	1.98	0.43
日本	4.07	4.71	0.78	11.84	2.59
其他国家或地区	1.10	0.85	0.21	1.88	0.94
市场份额（吨）					
智利	1 791.40	1 294.14	0.00	7 562.60	1 830.44
美国	1 617.41	1 309.60	43.19	6 658.01	1 256.37
新西兰	476.52	72.52	0.00	4 261.98	749.14
日本	12.33	63.46	0.00	216.51	32.02
其他国家或地区	22.24	47.89	0.00	1 299.95	111.47
预算份额（％）					
智利	37.24	38.89	$2.1E-05$	85.14	27.98
美国	47.75	41.48	1.54	99.98	30.69
新西兰	13.03	3.5	$7.73E-06$	93.64	18.52
日本	1.18	13.4	$3.26E-05$	14.59	2.89
其他国家或地区	0.8	3.36	$9.85E-06$	72.47	5.92

数据来源：联合国贸易统计数据库（2000—2013）。

5.3.3 模型选择

由需求系统模型理论可知，需求模型的选择主要是指根据不同的数据资料特性，运用似然比检验、Wald 检验或拉格朗日乘数检验，从需求函数模型及其嵌套的四种模型中确定用于估计分析的需求函数类型（Deaton，1978；Alston and Chalfant，1993）。本书借鉴 Barten（1969）、周井娟（2009）、贺蕾（2011）等人的研究，采用似然比检验数据资料的齐次性和对称性，并运用服从卡方分布的似然比值作为模型选择的依据。

其中：似然比值 $LRT=2[\log\chi_1-\log\chi_2]$，$\chi_1$ 为未受约束模型的似然函数值，χ_2 为受约束模型的似然函数值，自由度为未受约束模型与受约束模型的估计参数的数量之差。

本书将除智利、美国、新西兰、日本外的所有国家或地区，归类为"其他国家或地区"，即中国苹果进口需求系统模型中包括"智利""美国""新西兰""日本"和"其他国家或地区"5 个方程。进行估计分析时，为避免共线性，删除"其他国家或地区"的估计方程，其估计参数可由模型的加总性、齐次性和对称性约束条件计算获得。

中国苹果进口需求系统模型的极大似然函数估计结果如表 5-4 所示。本书以 General 模型为例说明模型的检验结果，齐次性约束检验的似然比值 $LRT_1=2\times(649.57-643.04)=6.53$，自由度为无约束模型的估计参数个数（42）与齐次性约束模型的估计参数个数（38）之差，6.53 小于卡方分布中自由度，0.01 显著性水平的临界值 13.28，表明 General 模型在 1% 的显著性水平上满足齐次性约束；齐次性和对称性共同约束检验 $LRT_2=2\times(643.04-635.68)=7.36$，自由度为齐次性约束模型的估计参数个数（38）与齐次性和对称性共同约束模型的估计参数个数（32）之差，7.36 小于卡方分布中自由度，0.01 显著性水平的临界值 16.81，表明 General 模型在 1% 的显著性水平上满足齐次性和对称性共同约束。对于 4 个嵌套模型 Rotterdam 模型、CBS 模型、AIDS 模型和 NBR 模型的似然比值检验采用同样的方法。似然比值检验结果表明，Rotterdam 模型、CBS 模型、AIDS 模型和 NBR 模型的齐次性约束检验释然比分别为 12.72、8.73、10.12 和 9.56，均小于 0.01 水平的临界值，满足齐次性约束检验；齐次性和对称性共同约束检验的似然比值分别为 13.44、11.62、11.96 和 12.41，均小于 0.01 水平的临界值，满足齐次性和对称性共同约束。因此，通过似然比检验从满足齐次性和对称性共同约束的模型中选择适宜的模型作为需求估计模型。

模型的选择检验似然比值为 General 模型与 Rotterdam 模型、CBS 模型、AIDS 模型和 NBR 模型的似然函数对数值之差的两倍（Lee et al.，1994）。以 AIDS 模型为例，其模型选择检验似然比为 LR＝2×（635.68－608.96）＝26.72，自由度为 General 模型的参数估计个数（32）与 AIDS 模型的参数估计个数（30）之差，26.72 大于卡方分布中自由度，0.01 显著性水平的临界值 9.21，表明 General 模型拒绝 AIDS 模型。表 5－4 显示，Rotterdam 模型、CBS 模型、AIDS 模型和 NBR 模型的选择检验似然比结果均大于卡方分布中自由度，0.01 显著性水平的临界值 9.21，表明 General 模型显著异于其他四种嵌套模型。此外，General 模型的估计参数 $\kappa_1 = 1.08$（11.10）、$\kappa_2 = -1.33$（-2.43），括号内为相应的 T 统计值，可知，κ_1 和 κ_2 显著异于 0，且（κ_1-1）和（κ_2-1）的 T 值分别为 6.35 和 2.04，则 κ_1 和 κ_2 与 1 也有显著差异。

综合上述分析结果，本书选择 General 模型估计中国苹果进口需求弹性。

表 5－4　中国苹果进口需求系统模型极大似然函数对数值和似然比值

	General	Rotterdam	CBS	AIDS	NBR
无约束	649.569 4(42)	576.147 2(40)	630.528 5(40)	620.002 0(40)	564.067 6(40)
齐次性约束	643.039 0(38)	569.786 0(36)	626.163 4(36)	614.942 0(36)	559.285 5(36
齐次性和对称性共同约束	635.678 7(32)	563.065 5(30)	620.354 1(30)	608.963 7(30)	553.081 4(30)
齐次性约束检验	13.060 8	12.722 4	8.730 2	10.120 0	9.564 2
齐次性和对称性共同约束检验	14.720 6	13.441 0	11.618 6	11.956 6	12.408 2
模型的选择检验	——	145.226 4	30.649 2	53.430 0	165.194 6

注：卡方分布中，0.10、0.05、0.01 显著性水平下临界值分别为 7.779 4、9.48 773、13.276 7；自由度为 6，0.10、0.05、0.01 显著性水平下临界值分别为 10.644 6、12.591 6、16.811 9；自由度为 2，0.10、0.05、0.01 显著性水平下临界值分别为 4.605 0、5.991 0、9.210 0；括号内为模型所需估计的参数数量。

5.3.4　模型确定

基于模型选择结果，包含季节虚拟变量的中国进口苹果 General 模型可以表述为：

$$w_i d\log q_i = c_i + (\nu_i + \kappa_1 w_i) d\log Q + \sum_{j=1}^{n} [\psi_{ij} - \kappa_2 w_i (\eta_{ij} - w_j)] d\log p_j + \sum_s \rho_{id} D_s$$

$$(5-1)$$

$$i,j=1,2,\cdots,n;\quad s=1,2,3,4$$

同时，式（5-1）也可以表示为

$$w_i d\log q_i = c_i + \nu_i d\log Q + \kappa_1 w_i d\log Q + \sum_{j=1}^{n} \psi_{ij} d\log p_j -$$

$$\kappa_2 w_i(d\log p_i - d\log P) + \sum_s \rho_{id} D_s \qquad (5-2)$$

$$i,j=1,2,\cdots,n;\quad s=1,2,3,4$$

表达式（5-1）和（5-2）中：

i 和 j 表示中国苹果进口来源地；w_i 表示中国消费者对源自 i 国（或地区）的进口苹果平均支出份额；p_i 和 q_i 分别表示源自 i 国或地区的进口苹果的价格和数量；D_s 为季节虚拟变量；

在实际计算分析过程中，$d\log q_i = \log q_i - \log q_{i-1}$，$d\log p_j = \log p_j - \log p_{j-1}$；$d\log Q = \sum_i w_i d\log q_i$ 为 Division 指数，c_i、ν_i、κ_1、κ_2、ψ_{ij} 和 ρ_{id} 为本模型待估计参数。

由前文分析可知，中国共有 4 个主要苹果进口来源地以及其他进口来源地，因此 General 模型包括 5 个方程，并且满足：

零次齐次性：$\sum_j \psi_{ij} = 0$；

对称性：$\psi_{ij} = \psi_{ji}$；

加总性：$\sum_i c_i = 0$，$\sum_i \nu_i = 1 - \kappa_1$，$\sum_i \psi_{ij} = 0$，$\sum_s \rho_{id} = 0$。

General 模型方程的弹性值计算公式如下所示：

支出弹性：

$$E_i^z = \nu_i / w_i + \kappa_1 \qquad (5-3)$$

Slutsky（补偿）自价格弹性：　$e_{ij} = \psi_{ij}/w_i + \kappa_2(1-w_i) \qquad (5-4)$

Slutsky（补偿）交叉价格弹性：　$e_{ij} = \psi_{ij}/w_i - \kappa_2 w_j \qquad (5-5)$

古诺（非补偿）自价格弹性：　$e^g_{ij} = \psi_{ij}/w_i - \nu_i + \kappa_2 - w_i(\kappa_1 + \kappa_2)$

$$(5-6)$$

古诺（非补偿）交叉价格弹性：　$e^g_{ij} = e_{ij} - E_i^z w_j \qquad (5-7)$

5.4　模型结果与分析

5.4.1　参数估计

需求系统模型的估计方法主要有加权两阶段最小二乘法、三阶段最小二乘法、似不相关回归法、完全信息极大似然估计法等（周井娟，2009）。由于似不相关回归法在参数估计过程中充分利用方程间误差向量的相关信息，避免内生变量的误差项存在异方差和同期相关现象，使得需求系统模型方程组估计更为有效（Lee et al.，1994；贺蕾，2011），因此，本书选择似不相关回归法作为 General 模型的估计方法。

中国苹果进口需求 General 模型的参数估计结果（表 5 - 5）为：

（1）"智利""美国""新西兰""日本"方程式的常数项分别为 0.01、0.02、0.02、0.10，均达到 10% 的显著性水平，说明在中国苹果进口市场上，进口苹果消费除了受价格因素影响之外，还受到消费偏好、消费支出等因素的影响；常数项值均为正，表明中国消费者对来自智利、美国、新西兰和日本的苹果形成了消费偏好，且具有逐渐强化的倾向。其中，消费者对日本进口苹果的消费偏好最强，美国进口苹果次之，新西兰和智利的进口苹果消费偏好较小。

（2）边际支出份额均为正，且在 10% 的水平显著，说明中国消费者的预算总额每增加 1%，对智利、美国、新西兰、日本和其他国家或地区进口苹果消费的预算份额将分别增加 0.38%、0.34%、0.13%、0.06% 和 0.09%。

（3）Slutsky 系数项显示：智利、美国和新西兰的自价格弹性对中国苹果的进口需求影响显著，其中，智利、美国、新西兰的自价格弹性影响为负，分别为 -0.15、-0.55 和 -0.13，均达到了 1% 的显著性水平，说明智利、美国、新西兰的苹果价格每增加 1%，中国从智利、美国、新西兰的进口量将分别下降 0.15%、0.55% 和 0.13%。交叉价格弹性中，只有智利和美国之间、美国和新西兰之间的交叉价格效应显著为正，表明两国苹果之间存在显著的替代关系，其他交叉价格效应不显著。

（4）季节虚拟变量参数估计结果表明，中国苹果进口的季节性较为明显，智利苹果进口在第一季度与第四季度存在显著正相关关系，第三季度与第四季度存在显著负相关关系，而第二季度与第四季度无相关关系；美国苹果进口在第一和第二季度与第四季度存在显著负相关关系，而第三季度与第四季度无相关关系；新西兰苹果进口在第一季度与第四季度存在显著正相关关系，而第二季度与第四季度存在显著负相关关系，第三季度与第四季度无相关关系；日本苹果进口在各季度间无显著差异。

表 5 - 5　中国苹果市场对不同来源地进口苹果的进口需求 General 模型的参数估计结果

	常数项	边际支出份额	Slutsky 系数				
			智利	美国	新西兰	日本	其他国家或地区
智利	0.012 0**	0.377 4**	−0.1547***	0.308 8***	−0.156 4	−0.040 7	0.043 2
	(2.183 6)	(2.338 0)	(−3.163 3)	(3.709 9)	(−1.093 8)	(−1.560 2)	
美国	0.020 2***	0.335 8***		−0.547 9***	0.197 8***	0.027 0	0.014 40
	(4.210 4)	(5.688 5)		(−4.333 6)	(2.646 6)	(1.437 9)	
新西兰	0.015 4***	0.132 7*			−0.127 5***	−0.020 2	0.106 4
	(3.485 2)	(0.188 7)			(−2.738 8)	(−0.871 2)	
日本	0.099 8*	0.064 8*				0.034 5	−0.000 55
	(1.836 5)	(1.711 0)				(1.688 7)	
其他国家或地区		0.089 3					−0.163 45
季节虚拟变量1			0.151 2***	−0.125 0***	0.072 8***	0.017 9	−0.116 9
			(3.143)	(2.185 4)	(2.555 0)	(1.187 0)	
季节虚拟变量2			0.065 8	−0.136 5**	−0.054 9***	−0.004 5	0.130 1
			(1.477 2)	(−1.976 3)	(3.662 6)	(−0.128 8)	
季节虚拟变量3			−0.016 4**	−0.023 0	−0.013 1	−0.004 6	0.057 1
			(1.949 8)	(0.709 2)	(0.922 6)	(−0.992 2)	
κ_1	1.079 5***	(11.997 4)					
κ_2	−1.333 2***	(−2.429 3)					

注：括号内为 t 检验值，*** 表示 Sig<0.01，** 表示 Sig<0.05，* 表示 Sig<0.1。

中国进口智利苹果存在显著季节性差异，其主要原因是中国和南半球的气候差异导致国产苹果、进口苹果成熟季节具有互补特征。加之国内贮藏加工技术落后，早中熟优质果品供给相对不足，导致中国第一季度和第四季度进口增加，第三季度进口减少。新西兰苹果进口的季节性变化特征与智利相似，但中国消费者对新西兰进口苹果的品种和品牌信任度较高，中国消费者对新西兰苹果的消费偏好（0.02）大于对智利苹果的消费偏好（0.01）。中国进口日本苹果无显著季节性差异，但日本苹果具有高质量和高品牌知名度，主要满足中国高端、精品苹果市场需求。虽然中国进口美国苹果在第一、第二季度较少，但总体上美国苹果进口变化的原因与日本相似。由于中国进口日本苹果具有地缘优势，而且中国消费者对日本富士苹果的偏爱，以及对日本苹果的品牌信任度较高，导致中国消费者对日本苹果的消费偏好（0.10）大于对美国苹果的消费偏好（0.02）。

5.4.2 自变量内生性检验

自变量的内生性是指模型解释变量和误差项之间具有相关性，导致模型估计参数出现偏差，从而降低模型分析预测的有效性和准确性。由于 General 模型的因变量为 $w_i d \log q_i$，自变量 $d \log Q$ 与误差项之间可能存在相关关系，即自变量 $d \log Q$ 可能内生于模型之中（Theil，1976；Attfield，1985）。因此，在运用模型参数进行需求弹性分析之前，本书借鉴 Theil 等人于 20 世纪 80 年代年提出的随机理性行为理论，利用模型参数进行解释变量的内生性检验，提高中国进口苹果需求弹性估计的准确性。

如果解释变量 $d \log Q$ 为外生变量，则 $\mathrm{cov}(\varepsilon_i, \varepsilon_j)$ 是模型估计结果中 Slutsky 系数项的倍数，即 $\mathrm{cov}(\varepsilon_i, \varepsilon_j) = \beta \lambda_{ij}$。因此，本书采用 General 模型的估计参数 λ_{ij} 作为自变量，$\mathrm{cov}(\varepsilon_i, \varepsilon_j)$ 作为因变量。采用最小二乘法估计结果如下：

$\mathrm{cov}(\varepsilon_i, \varepsilon_j) = -0.0012(0.0268) + 0.1858(0.1162)\lambda_{ij}$，括号内为估计标准误差。回归结果显示 λ_{ij} 显著异于 0，$\mathrm{cov}(\varepsilon_i, \varepsilon_j)$ 约为 Slutsky 系数项的 0.19 倍，因此，General 模型不存在解释变量内生性的现象。

5.4.3 弹性比较分析

以 2000 年 1 月—2012 年 7 月中国进口智利、美国、新西兰、日本和其他国家或地区苹果的样本平均值计算所得的中国苹果进口需求的支出弹性和价格弹性如表 5 - 6 所示。

（1）表 5 - 6 显示，中国苹果进口总支出对智利、新西兰和日本富有弹性，支出弹性分别为 1.01、1.02 和 5.49；对美国苹果缺乏弹性，弹性值为 0.70。支出弹性值表明，中国苹果进口总支出每增长 1%，对智利、美国、新西兰和日本苹果的进口量将分别增长 1.01%、0.70%、1.02% 和 5.49%，这意味着中国消费者对日本苹果的综合评价最高，智利、美国和新西兰苹果次之。支出弹性值能够反映中国苹果主要进口来源地的收益次序，即当中国苹果进口支出增加时，受益最大的是日本，其次是智利和新西兰，美国受益最小。

(2) 从 Slutsky 补偿价格弹性来看，智利、美国、新西兰和其他国家或地区的自价格弹性为负，弹性值分别为 -0.42、-1.15、-0.98 和 -20.35，表明在中国苹果市场上，智利、美国、新西兰和其他国家或地区的进口苹果属于正常商品，即价格上升进口量会相应下降，反之亦然。日本的自价格弹性为正，弹性值为 2.92，表明在中国苹果市场上，日本进口苹果属于奢侈品，即价格上升进口量反而增加。其中，美国、日本和其他国家或地区的自价格富有弹性，价格变动 1%，进口量会相应变动 -1.15%、2.92% 和 -20.35%；智利和新西兰苹果的自价格缺乏弹性，价格变动 1%，进口量会相应变动 -0.42% 和 -0.98%，这意味着在中国苹果市场上，智利和新西兰的苹果相对于美国和日本苹果具有价格竞争优势。从古诺非补偿价格弹性来看，没有剔除收入效应的智利和美国苹果的自价格弹性变化较大，弹性值分别为 0.14 和 -0.28，表明智利和美国苹果进口受收入效应影响较大。

表 5-6 显示，在剔除了收入效应的交叉价格弹性中，仅智利与新西兰和日本、美国与新西兰和日本、新西兰与日本的交叉价格弹性值大于 1，富有弹性；其他主要来源国进口苹果的交叉价格弹性绝对值小于 1，缺乏弹性。其中，智利苹果与新西兰、日本苹果之间的交叉价格弹性均为负值，具有互补关系，且智利苹果价格变动对中国进口新西兰、日本苹果的影响（-1.20 和 -3.45）大于新西兰和日本苹果价格变动对中国进口智利苹果的影响（-0.42 和 -0.11），表明与新西兰和日本苹果相比，智利苹果具有价格竞争优势；美国与新西兰、日本苹果之间的交叉价格弹性均为正值，具有替代关系，且美国苹果价格变动对中国进口新西兰和日本苹果的影响（1.51 和 2.29）大于新西兰和日本苹果价格变动对中国进口美国苹果的影响（0.41 和 0.06），表明与新西兰和日本苹果相比，美国苹果具有价格竞争优势；新西兰与日本苹果之间的交叉价格弹性均为负值，具有互补关系，且新西兰苹果价格变动对中国进口日本苹果的影响（-1.71）大于日本苹果价格变动对中国进口新西兰苹果的影响（-0.15），表明与日本苹果相比，新西兰苹果具有价格竞争优势。

(3) 根据（古诺）非补偿价格弹性原理分析，没有剔除价格变化中收入效应的"智利""美国"和"新西兰"方程中自价格弹性有较大变化，说明智利、美国和新西兰进口苹果自价格弹性的收入效应较大。

表 5 - 6　中国苹果进口的支出弹性和价格弹性估计

		智利	美国	新西兰	日本	其他国家
	支出弹性	1.010 0	0.703 5	1.016 3	5.485 3	11.115 9
补偿价格弹性	智利	−0.420 0	0.829 3	−0.420 2	−0.109 4	0.115 9
	美国	0.646 9	−1.148 1	0.414 4	0.056 6	0.030 2
	新西兰	−1.197 7	1.514 2	−0.976 1	−0.154 8	0.814 4
	日本	−3.448 8	2.285 7	−1.712 3	2.921 2	−0.045 8
	其他国家或地区	5.374 0	1.794 4	13.247 2	−0.067 3	−20.348 4
非补偿价格弹性	智利	0.144 6	0.345 5	−0.552 6	−0.121 4	0.107 8
	美国	0.385 0	−0.281 8	0.322 5	0.048 3	0.024 5
	新西兰	−1.576 0	1.029 1	−0.779 8	−0.166 8	0.806 3
	日本	−5.490 9	−0.332 2	−2.428 8	2.886 2	−0.089 8
	其他国家或地区	1.235 6	−3.510 6	11.795 3	−0.198 6	−20.417 4

5.5　结论与建议

本书采用中国进口苹果主要来源地智利、美国、新西兰和日本的苹果贸易数据，运用似然比检验和差异化需求系统模型方法，确定符合中国进口苹果数据特征的需求函数形式，测算中国进口苹果的支出弹性和价格弹性。结果显示，与 Rotterdam 模型、CBS 模型、AIDS 模型和 NBR 模型相比，General 模型更适合研究中国苹果进口需求。

从进口苹果的需求支出弹性来看，中国消费者对源自智利和新西兰苹果的支出弹性接近于单位弹性，分别为 1.01 和 1.02，表明中国消费者对智利和新西兰苹果已形成稳定的偏好；中国进口美国苹果的需求支出缺乏弹性，为 0.70，即中国消费者苹果进口支出变化对美国苹果进口的影响不显著；中国进口日本苹果的需求支出富有弹性，为 5.49，即在其他条件不变的前提下，消费者需求支出增加会刺激日本苹果进口大幅增加，而需求支出减少会导致日本苹果进口大幅减少。

从中国苹果进口需求价格弹性来看，日本苹果的自价格弹性较高，表明中国消费者对日本苹果的价格敏感性较强，日本进口苹果价格上升能够有效抑制中国进口日本苹果；智利苹果与新西兰和日本苹果之间的交叉价格弹性均为负值，在中国苹果市场上具有互补关系；美国与新西兰、日本苹果之间的交叉价格弹性为正值，在中国苹果市场上具有替代关系；新西兰与日本苹果之间的交叉价格弹性均为负值，在中国苹果市场上具有互补关系；智利和美国苹果之间的交叉价格缺乏弹性，两国苹果在中国苹果市场上无显著替代效应。

从开展有效竞争及提升中国苹果在国内市场、国际市场上的竞争力角度，中国政府及苹果产业界应转变强调技术创新、品种创新等生产技术指标的发展战略思维，重视市场营销、品牌信用等市场开发战略。特别是应该充分关注中国消费者的消费动机和偏好，注重国产苹果包装、质量和品牌发展，提高消费者对国产高端苹果的品牌信任度，培养国产优质苹果的目标顾客群，以应对类似日本等具有高质量、高知名度的进口苹果对国产苹果的冲击。中国政府及苹果产业界应该重视我国苹果市场分化的规律及差异化特征，注重选择和培育优良的早、中熟苹果品种，完善中国苹果品种结构；发展和提升国内贮藏、加工、物流等产后技术处理水平，延长并保持国产优质苹果的市场供应期，以应对类似智利等具有季节性优势的进口苹果对国产苹果的冲击。同时，应充分利用中国主要苹果进口来源地产品的互补性和替代性特征，适度控制替代性苹果的进口，而增加互补性苹果的进口，从而在有效管控中国苹果进口的基础上改进中国消费者的福利。

5.6　本章小结

本章基于中国进口苹果和国产苹果市场差异化视角，利用 2000 年 1 月—2012 年 7 月中国进口苹果主要来源国（智利、美国、新西兰、日本）的苹果贸易数据，以及似然比检验和差异化需求系统模型方法，确定 General 模型为符合中国进口苹果数据特征的需求函数形式。结果表明，消费者对源自 4 国的进口苹果的支出弹性均为正，其中源自美国苹果的支出缺乏弹性，日本苹果的支出富有弹性，智利和新西兰苹果的支出弹性接近 1；智利、美国和新西兰苹果的自价格弹性影响显著，日本苹果的自价格影响不显著；日本和新西兰苹果与美国苹果间存在替代关系，而日本和新西兰苹果与智利苹果间存在互补关系。同时发现，中国苹果进口存在季节性差异。

第6章 中国进口苹果消费行为及其影响因素

6.1 引言

根据国家现代苹果产业技术体系预测，2010—2015 年，中国国内苹果年均需求量为 2 800 万吨左右，其中，高端市场需求量约为 350 万吨，主要消费群体是年均收入高于 5 万元的消费者，以行政和事业单位官员、公司中层管理人员为主；中端市场需求量约为 600 万吨，主要消费群体是年均收入 2 万～5 万元的城镇居民，且随着居民收入的增加，在可预见的将来，高端和中端消费需求将占到苹果总需求的 33.91%（《苹果产业经济发展年度报告》，2011）。可见，以低端和中低端市场为主要目标市场的国产苹果产业发展模式，已不能适应消费者多样化的消费需求。另据联合国贸易统计数据，2006—2011 年，中国苹果进口量和进口金额的平均增长速度分别达到 21.12% 和 32.03%，呈现持续、高速增长的趋势，也表明中国消费者在苹果品种、质量、风味选择方面的多元化倾向（《苹果产业经济发展年度报告》，2012）。因此，在中国苹果生产成本、物流成本持续上升的产业发展环境中，研究中国消费者的进口苹果消费特征、变化趋势和影响因素，从消费的视角解读国产苹果和进口苹果在中国苹果市场上的比较优势，对完善中国苹果产业发展政策和进口贸易政策，具有决策参考价值。

针对中国苹果生产成本持续上升以及苹果进口数量和金额高速增长的趋势，本书将利用北京、上海、广州、西安 4 个城市反映消费者进口苹果消费特征的微观调查数据，运用结构方程模型，研究和确定消费者进口苹果消费行为的影响因素，并测算这些因素的影响方向和影响程度。研究中国市场进口苹果需求及消费者行为特征，分析国产苹果和进口苹果之间的比较优势，揭示苹果进口贸易的变化趋势及其对中国苹果产业发展的影响。

6.2　理论分析及结构方程模型设计

消费者购买行为是指消费者寻找、获得、使用、评价和处理能满足其需要的产品和服务的一种连续活动（Schiffman and Kanuk，2000）。美国行为心理学派研究发现，消费者的个体经济行为是一定心理现象的外化结果，消费者作为某种社会群体中的成员，必然要受到所处的社会文化环境的制约和影响，因而研究消费者行为规律必须将消费者的经济活动同其心理过程与心理特征紧密结合，运用社会心理学、传播学理论和知识探索消费行为的影响因素（Paul and Olson，1990）。Lamb 等（2002）将消费者购买决策的形成归纳为需求确认、信息检索、选择评估、实际购买和购买后行为等阶段，并且每个阶段均受到社会环境、文化环境和消费者个人心理因素的影响。

根据消费行为的内涵与特征，结合 Lamb 等（2002）的消费决策理论研究成果，本书将消费者的苹果消费行为划分为 4 个阶段（图 6 - 1）。第一阶段，消费者在内部或者外部刺激下引发需求确认，即识别和认定某种类型的苹果可满足其需求；第二阶段，消费者在确认需求后，通过内部信息（记忆中已存储信息）和外部信息（广告、促销宣传等）检索过程，构建可满足其需求的苹果产品集合；第三阶段，消费者综合运用内部储存和外部搜索信息筛选结果，评估苹果产品集合中的备选苹果产品；第四阶段，在对备选苹果产品选择评估后，确定购买行为，包括实际购买决策和购买后行为（即受到购买前的预期和消费者自身认知等因素的影响，对所购买的产品进行反省和思考的行为）。

本书研究的范围界定为图 6 - 1 中虚线框标注的部分，即研究社会、文化和个人心理因素对消费者的产品选择评估和购买行为（实际购买决策和购买后行为）的影响[①]。

6.2.1　理论分析及假说

通过对国内外有关消费者购买行为和消费偏好方面的研究文献进行梳理，本书将影响消费者进口苹果消费的因素归纳为六个方面：

---

①　本书研究所选择的样本均为进口苹果消费者。实地调查数据显示，进口苹果消费者对批发市场、超市和水果零售店销售的进口苹果的相关信息比较了解，即在本书调查进行之前，消费者已经完成需求确认和信息检索过程。

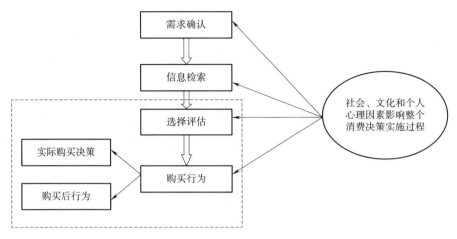

图 6-1 苹果消费行为理论模型

6.2.1.1 价格因素

在其他条件不变的市场环境中，随着某产品价格上升，消费者购买该产品的意愿将降低，其购买数量会相应下降。Shafer 和 Kelly（1986）和 Behe 等（1999）研究了盆栽菊花和天竺葵花的品种、颜色、寿命和价格对消费者购买行为的影响，结果显示，价格对消费者的购买行为产生负向影响。常平凡（2002）通过分析影响山东、陕西等 5 省消费者苹果消费的主要因素发现，苹果价格高和收入低是抑制五省消费者苹果消费的主要因素。据国家现代苹果产业技术体系（2012）的调查数据显示，中国进口苹果的批发价格和零售价格比同期国产苹果价格分别高出 116.67% 和 157.14%，且 58.25% 的消费者认为，进口苹果的高价格是制约其消费的因素之一。因此，本书研究选取消费者对进口苹果价格的关注程度、对促销价格的关注程度及对其他果品价格的关注程度作为衡量价格因素的指标，并提出如下研究假说：

H1：价格因素对消费者进口苹果的消费评估有负向影响。

H2：价格因素对消费者进口苹果的消费行为有负向影响。

6.2.1.2 进口苹果自身属性

多数关于消费者偏好影响因素的研究文献认为，产品自身属性，包括颜色、尺寸、品种、容器规格、原产地、成熟季节等，影响消费者对该产品的偏好程度和选择行为（Gineo，1990；Kresic et al.，2010）。Manalo（1990）评估了苹果的大小、颜色、口感和味道对消费者购买行为的影响程度。Townsley-Brascamp（1994）分析认为，户外观赏植物良好的自身特征，包括植物繁茂程度、株高、外形、花色和叶色等正向影响消费者的偏好和购买行为。Jaeger 等（1998）通过研究英国和丹麦苹果消费者的消费偏好认为，苹果的风味、口感、果形和颜色对消费者偏好影响较大。Hampson1 和 Quamme（2000）采用哥伦比亚欧垦那根南部地区的 42 组调查数据，运用感官评价方法研究了苹果尺寸对消费者购买决策的影响，为苹果育种选择提供了数据支持。刘汉成（2003）将苹果成熟的季节性差异纳入研究范畴，分析了中国消费者苹果消费行为的影响因素，发现在苹果上市旺季消费者购买数量比淡季多。本书在借鉴国内外有关文献研究成果的基础上，结合中国市场上进口苹果的特征，选取消费者对进口苹果口味、品种、外观、产地、季节因素的关注程度作为衡量进口苹果自身属性的指标，并且提出如下研究假说：

H3：进口苹果自身属性对消费者进口苹果的消费评估有正向影响。

H4：进口苹果自身属性对消费者进口苹果的消费行为有正向影响。

6.2.1.3　广告效应

消费者在做出购买决策前，往往通过搜集能够让自己在不确定情况下感受到信心的信息，以降低购买产品的不确定性和风险性（Delgado‐Ballester et al.，2003）。从市场营销的角度分析，广告作为消费者与生产者之间的沟通策略，能够增加有效信息供给，从而增强消费者对某产品的积极态度和购买信心。Leonard 和 Wadsworth（1989）在研究美国康涅狄格州苹果消费者的偏好和购买行为时发现，苹果的推广计划、广告宣传活动能够促进消费者的购买行为。夏晓平（2011）以羊肉产品为例，分析了中国城市消费者的品牌信任对其食品购买行为的影响，结果表明，随着消费者对品牌信任程度的提高，购买品牌羊肉产品的消费者比例显著增加。因此，本书以广告效应作为反映消费者与生产者之间沟通效果及其对进口苹果消费行为影响的主要指标，并提出如下研究假说：

H5：广告效应对消费者进口苹果的消费评估有正向影响。

H6：广告效应对消费者进口苹果的消费行为有正向影响。

6.2.1.4　质量安全认知

质量安全是食品类农产品质量的重要属性，也是消费者购买选择的主要依据（Nelson，1970）。国内外关于消费者质量安全认知的研究，主要集中在质量对消费者支付意愿和购买意愿的影响方面，这些研究表明消费者对安全食品的主观认识、对食品安全公共机构的信任程度、对重大食品安全事件信息的关注程度以及对食品安全信息的占有状况等，影响消费者对安全食品的选择评估、支付意愿、购买行为（Henson and Loader，2001；周应恒等，2004；李伯华等，2008）。罗丞（2010）以无公害猪肉为例，分析了影响中国消费者安全食品支付意愿的因素，认为消费者对无公害猪肉食品安全的主观认识对其支付意愿有显著的正向影响。Buzby等（1995）和Fu等（1999）的研究也表明，消费者愿意为采用安全方法生产的产品支付更高的费用。因此，本书研究提出如下假说：

H7：质量安全认知对消费者进口苹果的消费评估有正向影响。

H8：质量安全认知对消费者进口苹果的消费行为有正向影响。

6.2.1.5 营养健康认知

随着农产品市场细分的深入，农产品的营养含量、品牌、安全认证等影响消费者偏好和购买行为的因素逐渐受到学术界的关注。Christie等（2001）的研究表明，食品标签形式和营养含量的改变都会影响消费者的决策，有益的营养成分和功能也积极影响消费者对产品的态度。Frank等（2001）研究了甜椒颜色、价格和维生素C含量对消费者偏好和购买行为的影响，结果表明，标志甜椒质量的维生素C的含量正向影响消费者的购买行为。吴佳等（2006）通过对北京市1301名消费者液态奶消费行为的分析，发现奶制品中维生素、矿物质的强化以及蛋白质、脂肪等营养成分的合理调整对消费者购买决策有积极影响。因此，参考这些成果与结论，本书研究提出以下研究假说：

H9：营养健康认知对消费者进口苹果的消费评估有正向影响。

H10：营养健康认知对消费者进口苹果的消费行为有正向影响。

6.2.1.6 进口苹果消费评估

消费者在获取市场上所有进口苹果的价格、自身属性等产品信息的基础上形成待购买的产品集合；然后根据记忆中的产品体验、对产品的主观认识等内部渠道和大众传媒、促销、产品包装以及公共信息等外部渠道获得的信息对产品集合进行筛选和评估，从而决定其购买行为。Lamb等（2002）认为，消费者对产品的评估结果会直接影响其购买决策。因此，本书研究提出如下研究假说：

H11：进口苹果消费评估对消费者进口苹果的消费行为有正向影响。

6.2.1.7 进口苹果消费行为

进口苹果消费行为是在一定的消费动机驱使下，消费者通过对进口苹果产品信息的评估和判断所做出的消费决策和消费后行为。相关文献在设置有关消费行为的分析指标时，通常采用购买数量、购买意愿、支付意愿、支付费用、购买品牌和购买频率（Manalo，1990；Townsley‐Brascamp，1994；刘汉成，2003；罗丞，2010；夏晓平，2011）。Wadolowska 等（2008）在分析影响波兰居民食品偏好的主要因素时，运用购买频率来反映消费者偏好程度，认为购买频率能够反映消费者的产品购买后行为，若消费者购买产品后满意度较高，则其消费频率会提高，反之会较低。因此，本书采用"月均进口苹果购买数量""进口苹果购买频率"指标衡量消费者的进口苹果购买行为。

6.2.2　结构方程模型原理

基于上述理论分析和研究文献评价结论，本书提出如下理论模型（图6‐2）。其中，价格因素（PIC）、进口苹果属性（IMA）、广告效应（ADE）、质量安全认知（QST）、营养健康认知（NUX）、进口苹果消费评估（SEV）、进口苹果消费行为（CPF）均为潜变量。

图6‐2所示的理论模型也是结构方程模型（即因果模型或潜变量模型），即运用结构方程模型描述潜变量之间的因果关系。其中，作为原因的潜变量为外因潜变量，包括 PIC、IMA、ADE、QST 和 NUX；作为结果的潜变量为内因潜变量，包括 SEV 和 CPF。

结构方程模型中的随机变异部分（explained variation）即结构方程模型中的干扰因素或残差值，以 ζ 表示。

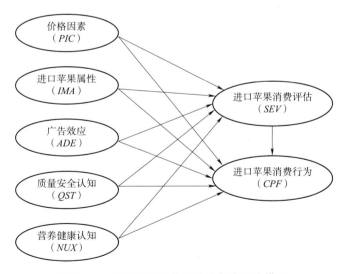

图6‐2　消费者进口苹果消费行为理论模型

图 6-2 所描述的结构方程模型的回归方程式可表示为：

$$SEV=\gamma_{11}PIC+\gamma_{12}IMA+\gamma_{13}ADE+\gamma_{14}QST+\gamma_{15}NUX+\zeta_1$$

$$(6-1)$$

式（6-1）中，γ_{11}、γ_{12}、γ_{13}、γ_{14} 和 γ_{15} 分别表示外因潜变量 PIC、IMA、ADE、QST 和 NUX 对内因潜变量 SEV 的影响程度；ζ_1 为残差项。

$$CPF=\gamma_{21}PIC+\gamma_{22}IMA+\gamma_{23}ADE+\gamma_{24}QST+\gamma_{25}NUX+\beta_{21}SEV+\zeta_2$$

$$(6-2)$$

式（6-2）中，γ_{21}、γ_{22}、γ_{23}、γ_{24} 和 γ_{25} 分别表示外因潜变量 PIC、IMA、ADE、QST 和 NUX 对内因潜变量 CPF 的影响程度；β_{21} 表示内因潜变量 SEV 对内因潜变量 CPF 的影响程度；ζ_2 为残差项。

6.3　量表设计、数据收集和信度效度检验

6.3.1　量表设计和数据来源说明

本章在综述有关苹果消费偏好和消费行为研究文献和研究成果的基础上，结合中国市场上进口苹果的特征，将消费者进口苹果消费行为的影响因素进行了系统归类和整理，围绕理论分析结论（即假说模型），采用封闭式题型设计具体题项。同时，在对西安市场进行预调查的基础上，根据实际操作情况和专家意见修改问卷，形成研究调查量表。正式调查问卷包括两部分：第一部分为样本的人口统计特征，包括性别、年龄、文化程度等 6 个题项；第二部分为采用 Likert 五级量表形式测量的消费者对进口苹果消费影响因素的关注程度、消费者的评估判断和购买行为等方面的 20 个题项。

本课题组在北京、上海、广州、西安 4 个城市市场，采用随机抽样方式，通过调查问卷，辅以实地访谈获得数据。此次调查共发放问卷 408 份，在每个被调查城市发放 102 份调查问卷，回收 408 份，剔除了问卷数据大量缺失和有固定反应作答倾向的问卷，实际有效问卷为 400 份，问卷回收有效率为 98.04%。

本次调查的样本特征统计如表 6-1。其中，男性 198 人，占到 49.50%，女性为 202 人，占到 50.50%；年龄在 29 岁以下者占到 57.00%；具有大专或以上学历者占到 78.00%；从事脑力劳动者占到 84.50%；月收入低于 3 000元者占到 37.00%，月收入高于 5 000 元者占到 24.50%。

表 6-1　样本统计特征（N＝400）

单位：人，%

变量	变量含义	样本量	比例	变量	变量含义	样本量	比例
性别	男　性	198	49.50		3 000 元以下	148	37.00
	女　性	202	50.50		3 000~4 000 元	99	24.75
年龄	29 岁以下	228	57.00	月收入	4 000~5 000 元	55	13.75
	30~39 岁	123	30.75		5 000~6 000 元	42	10.50
	40 岁以上	49	12.25		6 000 元以上	56	14.00
文化程度	大专以下	88	22.00	家庭是否有未成年人	没有	264	66.00
	大专或以上	312	78.00				
职业性质	体力劳动	62	15.50		有	136	34.00
	脑力劳动	338	84.50				

本书研究量表中变量的含义及描述性统计如表 6-2 所示。

表 6-2　假说模型变量及描述性统计

变量定义	潜变量	可观测变量	样本量	极小值	极大值	均值	标准差
外因潜在变量	价格因素（PIC）	销售价格	400	1	5	3.41	0.88
		产品促销价格	400	1	5	3.04	0.92
		与其他果品相比价格	400	1	5	3.29	0.91
	进口苹果属性（IMA）	口味	400	1	5	4.09	0.91
		品种	400	1	5	3.59	0.95
		外观	400	1	5	3.69	0.91
		产地	400	1	5	3.21	1.01
		季节	400	1	4	2.48	1.25
	广告效应（ADE）	广告	400	1	5	2.59	1.01
		包装	400	1	5	2.96	0.95
		品牌	400	1	5	2.94	1.01
	质量安全认知（QST）	别人对进口苹果的评价	400	1	5	3.52	0.98
		对进口苹果质量信任程度	400	1	5	2.94	0.98
		对已获得质量认证的苹果的信任程度	400	1	5	3.10	0.71
	营养健康认知（NUX）	进口苹果营养成分较高	400	1	5	2.52	1.07
		进口苹果富含的营养成分对人体健康较有利	400	1	5	2.61	1.16

（续）

变量定义	潜变量	可观测变量	样本量	极小值	极大值	均值	标准差
内因潜在变量	进口苹果消费评估（SEV）	对进口苹果的等级评价	400	1	4	3.06	0.61
		是否购买进口苹果	400	0	1	0.61	0.49
	进口苹果消费行为（CPF）	购买数量	400	1	25	3.03	3.53
		购买频率	400	1	5	2.39	1.33

6.3.2 量表的信度和效度检验

表 6-3　观察变量的信度测量结果

潜变量	观察变量	因素负荷量	信度系数	测量误差	组合信度	平均方差抽取量
PIC	Sprice	0.79	0.62	0.38	0.76	0.51
	promot	0.69	0.48	0.52		
	compric	0.66	0.44	0.56		
IMA	taste	0.73	0.53	0.47	0.83	0.50
	specie	0.68	0.46	0.54		
	appear	0.83	0.69	0.31		
	yield	0.62	0.38	0.62		
	Season	0.64	0.41	0.59		
ADE	adver	0.67	0.45	0.55	0.82	0.54
	pack	0.78	0.61	0.39		
	brand	0.73	0.53	0.47		
	evalu	0.75	0.56	0.44		
QST	qimak	0.83	0.69	0.31	0.75	0.60
	Qcmak	0.71	0.50	0.50		
NUX	ianh	0.75	0.56	0.44	0.68	0.52
SEV	grade	0.68	0.46	0.54	0.70	0.54
	want	0.78	0.61	0.39		
CPF	Buyn	0.84	0.71	0.29	0.73	0.58
	Buyf	0.67	0.45	0.55		

　　为保证研究结论的可信性和有效性，需要对调查量表进行信度和效度检验。调查量表中观察变量的信度系数值为其因素负荷量值的平方；测量误差值为"1-信度系数值"，表示潜变量无法解释的观察变量的变异量，该数值越大，表示测量误差越大；组合信度的估算方法是，利用观察变量标准化因素负荷量之和的平方值除以观察变量标准化因素负荷量之和的平方值与观察变量误差变异量之和，在结构方程模型分析中组合信度可以作为模型潜变量的信度系数来使用。平均方差抽取量是潜变量可以解释其指标变异量的比值，是一种收敛效度的指标，该数值越大，表示观察变量越能有效反映其共同因素构念的潜在特质。一般来说，潜变量的组合信度值在 0.60 以上，平均方差抽取量在 0.50 以上，就表示模型的内在质量理想（吴明隆，2009）。本书运用 AMOS7.0 软件对观察变量信度进行检验。将各观察变量的因素负荷量、信度系数、测量误差、组合信度和平均方差抽取量整理如表 6-3 所示。

　　表 6-3 显示，各观察变量的因素负荷量界于 0.62～0.84，均大于 0.50、小于 0.95，表明量表的基本适配指标理想。各潜变量的组合信度值均介于 0.68～0.83，大于评价标准值 0.60；除潜变量 IMA 的平均方差抽取量为 0.50 外，其余各潜变量的平均方差抽取量均介于 0.51～0.60，高于评价标准值 0.50。这也说明，调查量表具有较高的信度。

　　潜变量的区别效度是指不同的潜变量的观察变量之间低度相关或存在显著差异。本书研究中，区别效度采用每个潜变量的平均方差抽取值与此潜变量与其他潜变量的相关系数平方来检验（张连刚，2010），并将各潜变量间的区别效度整理如表 6-4 所示。

表 6-4　潜变量间的区别效度

潜变量	PIC	IMA	ADE	QST	NUX	SEV	CPF
PIC	0.51	—	—	—	—	—	—
IMA	0.02	0.50	—	—	—	—	—
ADE	0.07	0.03	0.54	—	—	—	—
QST	0.00	0.03	0.08	0.60	—	—	—
NUX	0.07	0.06	0.02	0.22	0.52	—	—
SEV	0.08	0.07	0.09	0.06	0.04	0.54	—
CPF	0.06	0.02	0.05	0.01	0.03	0.12	0.58

在表 6-4 中，对角线上的数值表示各潜变量的平均变异量抽取值，非对角线上的数值表示各潜变量间相关系数的平方。结果显示，所有对角线上的数值都大于非对角线上的数值，说明模型各潜变量的区别效度较好。

综上所述，本书的调查量表具有较好的信度和区别效度，为进一步深入分析奠定了基础。

6.4 模型估计结果与分析

6.4.1 参数估计的合理性检验

在进行模型整体适配度估计之前，需要检验模型是否违反估计，核查参数估计的合理性。通常情况下，模型违反估计可能存在 5 种情形：①标准化参数估计值超过或非常接近 1（通常可接受的最高门槛值为 0.95）；②出现负的误差方差；③潜变量协方差间标准化估计值的相关系数大于 1；④协方差矩阵或相关矩阵为非正定矩阵；④标准误出现极端大或小的值（Hair et al.，1998）。

本书设计、采用的消费行为结构方程模型中，标准化参数估计值均未超过 0.95；测量误差方差都在 0.23～9.14，并无负的误差方差存在；潜变量协方差间标准化估计值的相关系数在 0.11～0.51，小于 1；参数估计的合理性表明，协方差矩阵或相关矩阵为正定矩阵。

综上所述，模型估计结果表明不存在违反估计现象，可以进行模型整体适配度检验。

6.4.2 模型整体适配度检验

表 6-5 进口苹果消费行为结构方程模型中模型整体适配度检验结果

统计检验量	适配标准或者临界值	检验结果	模型适配判断
	绝对适配度指数		
χ^2	$p>0.05$（未达显著性水平）	209.64（$p=0.03$）	否
RMR	<0.05	0.04	是
RMSEA	<0.08（<0.05 为优良；<0.08 为良好）	0.06	是
GFI	>0.90	0.94	是
AGFI	>0.90	0.91	是

（续）

统计检验量	适配标准或者临界值	检验结果	模型适配判断
	增值适配度指数		
NFI	>0.90	0.92	是
RFI	>0.90	0.91	是
IFI	>0.90	0.96	是
TLI（$NNFI$）	>0.90	0.96	是
CFI	>0.90	0.96	是
	简约适配度指数		
$PGFI$	>0.50	0.74	是
$PNFI$	>0.50	0.72	是
$PCFI$	>0.50	0.75	是
CN	>200	278	是
χ^2 自由度比	<2.00	1.75	是
AIC	理论模型值小于独立模型值，且同时小于饱和模型值	311.64<342.00 311.64<2 722.50	是
$CAIC$	理论模型值小于独立模型值，且同时小于饱和模型值	393.35<431.56 393.35<2 804.21	是

本书借鉴 Hair 等（1998）的整体模型适配度评估指标划分方法，将模型整体适配度评估指标分为绝对适配度指标、增值适配度指标和简约适配度指标三类。

在模型整体适配度检验方面，除卡方值（χ^2）外，三类适配度指标值均达到模型可接受的标准（模型整体适配度检验结果见表 6-5）。

在表 6-5 中，卡方（χ^2）自由度比值为 1.75，小于 2；$RMSEA$ 值为 0.06，小于 0.08；RMR 值为 0.04，小于 0.05；GFI 值、$AGFI$ 值、NFI 值、$NNFI$ 值、IFI 值、RFI 值在 0.91～0.96，均大于 0.90；CN 值为 278，大于 200；理论模型的 AIC 值、$CAIC$ 值小于独立模型和饱和模型的 AIC 值、$CAIC$ 值，达到模型可接受的标准。

这表明，假设模型与实际样本数据适配程度良好。但是，卡方（χ^2）值为 209.64，显著性概率值为 0.03，小于 0.05，达到显著水平，因而拒绝虚无假设，表示假设模型与样本数据不可以适配。由于卡方值易受样本量大小的影响，当样本量较大时，卡方值相对地会变大，显著性概率值会变小，容易出现假设模型被拒绝的情形。因此，判断假设模型与样本数据是否适配，除参考卡方值外，也需考虑其他适配度指标（吴明隆，2009）。

整体而言，本书研究提出的假设模型与实际观察数据的适配情况良好，能够进行进一步的分析。

6.4.3 研究假说检验

根据结构方程模型估计结果（表 6-6），除 H6、H9、H10 外，其他假说均通过了显著性检验，并与理论分析及预期一致。其中，价格因素对消费者进口苹果消费评估的影响程度最大，进口苹果自身属性和质量安全认知的影响程度次之，广告效应的影响程度最小；消费者进口苹果消费评估对进口苹果消费行为的影响程度最大，价格因素、进口苹果自身属性及质量安全认知次之。

结构方程模型估计结果显示，价格因素对消费者进口苹果消费评估、进口苹果消费行为影响的标准化路径系数分别为 -0.54、-0.47，t 值分别为 -2.60、-3.53，均达到 1% 的显著性水平，假说 H1、H2 得到了验证，即价格因素制约消费者对进口苹果的消费评估和消费行为。进口苹果良好的自身属性对消费者进口苹果消费评估、进口苹果消费行为影响的标准化路径系数分别为 0.43、0.31，t 值分别为 2.19、2.15，均达到 5% 的显著性水平，假说 H3、H4 得到了验证，即进口苹果自身属性能够促进消费者对进口苹果的消费评估和消费行为。广告效应对消费者进口苹果消费评估影响的标准化路径系数为 0.21，t 值为 2.32，达到 5% 的显著性水平，假说 H5 得到了验证；广告效应对消费者进口苹果消费行为影响的标准化路径系数为 0.15，t 值为 1.63，未达显著性水平，假说 H6 未得到验证。这表明，广告效应有利于消费者对进口苹果的消费评估，但对其进口苹果消费行为无显著影响，即广告效应和消费者进口苹果购买行为之间没有正相关关系。其主要原因是，目前在中国苹果市场上几乎不存在针对进口苹果的市场营销和推广活动，且消费者对进口苹果的品牌关注程度较小。调查显示，72.50% 的进口苹果消费者对所购买的进口苹果品牌不了解，因而广告效应对消费者的进口苹果消费行为影响不显著。质量安全认知对消费者进口苹果消费评估、进口苹果消费行为影响的标准化路径系数分别为 0.39、0.27，t 值为 3.79、3.11，均达到 0.1% 的显著性水平，假说 H7、H8 得到了验证，即消费者对进口苹果的质量安全认知能够提高其对进口苹果的消费评估，促进其购买行为。营养健康认知对消费者进口苹果消费评估、进口苹果消费行为影响的标准化路径系数分别为 -0.07、0.16，t 值为 -1.24、

1.42，未达到显著性水平，假说 H9、H10 未得到验证，即营养健康认知与消费者的进口苹果消费评估和消费行为之间不存在正相关关系。其主要原因是，通过实地调查发现，78.75％的进口苹果消费者认为进口苹果的营养成分和含量与国产苹果没有差别，对销售商所宣称的进口苹果营养成分持质疑态度，导致营养健康认知对消费者的进口苹果消费评估和消费行为影响不显著。消费者进口苹果消费评估对进口苹果消费行为影响的标准化路径系数为 0.73，t 值为 8.42，达到 0.1％的显著性水平，假说 H11 得到了验证，即消费者对进口苹果的消费评估直接正向影响其进口苹果消费行为。

表 6-6　结构方程模型估计结果

路径	标准化路径系数	t 值	结论	路径	标准化路径系数	t 值	结论
H1：$PIC \rightarrow SEV$	−0.54**	2.60	接受	H7：$QST \rightarrow SEV$	0.39***	3.79	接受
H2：$PIC \rightarrow CPF$	−0.47***	−3.53	接受	H8：$QST \rightarrow CPF$	0.27**	3.11	接受
H3：$IMA \rightarrow SEV$	0.43*	2.19	接受	H9：$NUX \rightarrow SEV$	−0.07	−1.24	拒绝
H4：$IMA \rightarrow CPF$	0.31*	2.15	接受	H10：$NUX \rightarrow CPF$	0.16	1.42	拒绝
H5：$ADE \rightarrow SEV$	0.21*	2.32	接受	H11：$SEV \rightarrow CPF$	0.73***	8.42	接受
H6：$ADE \rightarrow CPF$	0.15	1.63	拒绝				

注：***、**、* 分别表示在 0.001、0.01、0.05 的水平上显著。

6.5　主要结论和政策启示

本书以北京、上海、广州和西安 4 个城市市场的 400 位进口苹果消费者为样本，运用结构方程模型方法，分析了影响消费者进口苹果消费行为的主要因素。实证分析结果显示：价格因素是负向影响消费者进口苹果消费评估和消费行为的最大因素，而进口苹果属性、涉果企业的广告效应、消费者对进口苹果的质量安全认知，均正向影响消费者对进口苹果的消费评估和消费行为。

在影响消费者进口苹果消费评估和消费行为的诸因素中，消费者对进口苹果价格变化反应最敏感。这表明，国内市场上进口苹果并不具有价格优势，国产苹果存在替代进口苹果的战略机遇。即只要国产高端苹果具备低成本、低价格的优势，国内涉果企业就可运用价格策略，与进口苹果开展有效竞争，并有效保护国内苹果市场及渤海湾和黄土高原两个主产区的高端、优势、特色苹果产业的发展。因此，在推进中国苹果品种结构转型、产业升级的过程中，需要更加重视技术创新、品种创新和栽培模式创新，有效解决劳动力短缺及苹果成本上升问题，以便保持国产苹果特别是高端、优质苹果的相对低成本优势。苹果主产区各级地方政府应该紧紧围绕产业组织培育、产业结构优化、产业布局调整、产业技术进步、市场资源整合等关键环节，不断提高产业综合管理水平，重视推广优良品种，集成运用省力化栽培、储运技术，促进苹果栽培模式、果园管理模式转型，为苹果产业发展创造优质、低价竞争的市场环境。

在影响消费者进口苹果消费评估和消费行为的因素中，消费者对进口苹果的属性、涉果企业的广告效应、进口苹果质量安全因素的敏感度略低于价格因素。这表明，除了全球苹果生产、上市的季节性差异外，中国消费者对进口苹果具有消费偏好，包括质量偏好、风味偏好、信用偏好、时尚偏好。同时表明，中国消费者的消费偏好是推动进口苹果需求及市场快速成长的主要动力，并拉动中国苹果进口高速增长。因此，中国政府和苹果产业界应重视研究苹果市场的变化趋势、消费者需求偏好以及市场细分条件下苹果的消费特征，从而针对细分市场苹果的消费特征，调整苹果产业发展战略。尤其应在重视技术创新、品种创新以及提高优果率等生产性指标的同时，重视苹果市场营销策略和竞争策略的创新，为国产苹果有效开发国内市场、保护苹果产业创造条件。主产区各级地方政府也应重视开展以公共广告、公共促销为主的苹果营销服务，并鼓励涉果企业和中介组织利用传媒、网络、促销等手段，创新优质、特色苹果营销模式。此外，质量监督和认证机构应重视健全国内高端苹果市场信息披露机制，以提高消费者对国产高端苹果的品牌信誉和质量安全的辨识度和认可度。

6.6　本章小结

本章针对中国苹果生产成本持续上升以及苹果进口数量和进口金额高速增长的趋势，利用北京、上海、广州和西安4个城市400位进口苹果消费者的微观调查数据，对消费者进口苹果消费行为进行了理论分析和实证检验，从消费的视角，解读国产苹果和进口苹果在中国苹果市场上的比较优势。结果表明，价格因素显著负向影响中国消费者的进口苹果消费评估和消费行为；进口苹果自身属性、质量安全因素和广告效应正向影响消费者的进口苹果消费评估；进口苹果自身属性、质量安全因素和进口苹果消费评估显著正向影响消费者的进口苹果消费行为。

第7章 中国进口苹果细分市场消费行为分析

7.1 引言

自 1993 年开始，尽管受国产苹果低价和人均国民收入的限制，中国的进口苹果仍然经历了快速的发展，并且受到部分中国消费者的偏爱（Sun and Collins，2006）。据联合国贸易统计数据显示，2006—2011 年，中国苹果年均进口量和进口金额的增长速度分别达到 21.12％和 32.03％。在中国苹果生产成本、物流成本持续上升的产业发展环境中，探索苹果进口持续、高速增长的内在驱动，解读国产苹果和进口苹果以及不同国家进口苹果之间的比较优势，辨析进口苹果增长的细分市场需求偏好拉动效应和中国苹果产业总体上呈现出的比较优势拉动效应，对完善中国苹果产业发展政策和进口贸易政策，具有决策参考价值。

本章运用北京、上海、广州和西安 4 个城市反映进口苹果消费者消费特征的微观调查数据，在对进口苹果市场进行细分基础上，紧密结合中国消费者的社会、心理特征，围绕不同需求和偏好的消费群体或组织，运用多群组结构方程模型，测算进口苹果消费影响因素的影响方向和影响程度，分析不同消费者群体的心理特征与行为，探索国产苹果和进口苹果、不同来源国的进口苹果之间的比较优势，揭示进口苹果变化趋势及其对中国苹果产业发展的影响。

7.2 理论分析和模型设计

7.2.1 理论分析

市场细分是差别性竞争环境中，企业制定市场营销战略及策略的基础。具体是指，企业运用市场细分的基础变量，将市场分解成合乎逻辑的、相似的、可以明确划分的子市场的过程（Lamb et al.，2002）。消费者行为研究发现同一消费群体内部在消费心理、消费习惯及购买行为等方面有许多共同之处，而不同消费群体之间则存在着诸多差异，因此，将消费群体进行市场细分，运用社会心理学、传播学理论和知识探索不同子市场消费群体的行为特征，有利于营销人员准确地确定目标市场，进行资源配置（江林，2009；Kotler and Armstrong，2010）。

市场细分的关键是确定可度量和可触及的市场划分基础。本书通过对中西方研究中有关消费者市场细分方面的文献进行梳理，将消费者市场细分基础归纳为 5 个方面，分别为：①地理特征，即依据消费者所处国家或世界的地区、市场规模、市场密度或气候进行的市场细分；②心理特征，即依据消费者的个性特点、消费动机、偏好以及生活方式等进行的市场细分；③使用率特征，即依据消费者购买或消费的产品数量进行的市场细分；④人口统计特征，即依据消费者的年龄、性别、收入、种族、家庭状况等人口信息进行的市场细分；⑤利益追求特征，即依据潜在消费者从产品中寻求的需要或需求进行的市场细分。基于市场细分理论的内涵和细分市场研究的必要性，本书借鉴 Lamb、Kotler 和 Armstrong（2010）等人的市场细分理论，将消费行为市场细分研究归纳为图 7 - 1。

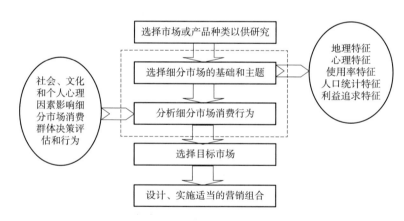

图 7 - 1　市场细分基础上的消费行为分析框架

本书选择的市场细分产品为中国进口苹果。实际调研数据显示，不同年龄、性别、收入水平等的消费群体对进口苹果的感性认识、消费偏好和购买行为存在差异。因此，本书的研究侧重分析不同细分市场进口苹果消费群体的消费行为特征和影响因素，从消费视角，解读国产苹果和进口苹果、不同来源国进口苹果在中国苹果市场上的比较优势。而对进口苹果营销的目标市场选择和营销组合确定不做详细的分析研究，即本书重点研究社会、文化和个人心理因素对不同细分市场消费群体进口苹果消费行为的影响。

7.2.2　模型设计和研究假设

本章研究是在第 6 章的基础上，进一步分析中国不同消费群体的消费行为。因此，本章仍旧选取价格因素、进口苹果属性、广告效应、质量安全因素、营养健康因素作为研究影响不同消费群体进口苹果消费评估和消费行为的主要因素。此外，Lamb 认为个人因素包括性别、年龄、文化、家庭状况、个性、价值观和生活方式等在消费者选择所需产品和服务类型的过程中，发挥了重要作用。Robert 等（2012）、Perez 等（2001）和 Yeh（2007）的研究也发现，苹果消费在不同性别、种族、年龄的细分市场消费群体间存在显著差异。张连刚和贺爱忠等人的研究也表明，基于人口统计特征和地理区位特征的不同消费群体的低碳消费行为和绿色购买行为存在显著差异（贺爱忠，2011；张连刚，2010）。

因此，本书以性别、年龄、文化程度、家庭是否有未成年人、月收入等人口统计特征和反映消费者心理特征的购买国家偏好，作为进口苹果市场细分的基础。提出如下研究假设：

假设 1：价格因素负向影响消费者对进口苹果的消费评估和消费行为。

假设 2：进口苹果属性、广告效应、质量安全和营养健康因素均正向影响消费者进口苹果消费评估和消费行为。

假设 3：在以性别、年龄、文化程度、家庭是否有未成年人、月收入和购买国家偏好为基础的细分市场上，消费者的进口苹果的消费行为特征存在差异。

基于以上理论分析和文献评价结论，本书提出了市场细分基础上的中国进口苹果消费行为多群组结构方程理论模型（图 7 - 2）。其中，价格因素（PIC）、进口苹果属性（IMA）、广告效应（ADE）、质量安全（QST）、营养健康（NUX）、进口苹果消费评估（SEV）和进口苹果消费行为（CPF）均为潜变量（即无法观察的变量）。作为原因的潜变量为外因潜变量，包括 PIC、IMA、ADE、QST 和 NUX；作为结果的潜变量为内因潜变量，包括 SEV 和 CPF。图 7 - 2 中 H1 - H11 分别代表不同的研究假设路径。

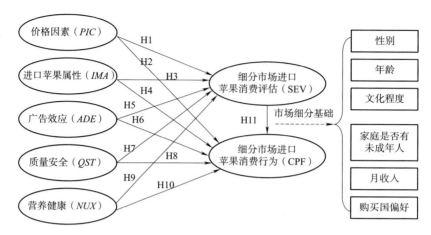

图 7-2 基于市场细分基础上的中国进口苹果消费行为理论模型

7.3 样本统计特征描述

本研究量中，除进口苹果的等级评价（低端＝1，中低端＝2，中高端＝3，高端＝4）、季节（3～6 月＝1，7～9 月＝2，10～11 月＝3，12～2 月＝4）、是否购买进口苹果（是＝1，否＝0）和购买数量四个指标之外，其余指标题项均采用 Likert 五级量表的形式，模型中的变量统计特征如第 6 章的表 6-2 所示。表 7-1 和表 7-2 是对样本人口统计特征变量和消费者进口苹果消费国别偏好（即消费者对中国四个主要苹果进口来源地智利、美国、新西兰和日本苹果的消费偏好）的描述性统计。从变量数据可以看出，本研究的样本覆盖范围较广，具有较好的代表性，为进一步的消费者多群组分析奠定了基础。

表 7-1 人口统计变量的描述性分析

单位：人，%

变量	变量含义	有效样本数	有效百分比	均值	标准差
性别	男性	198	49.50	0.50	0.50
	女性	202	50.50		
年龄	29 岁以下	228	57.00		
	30～39 岁	123	30.75	33.92	7.38
	40 岁以上	49	12.25		

（续）

变量	变量含义	有效样本数	有效百分比	均值	标准差
文化程度	大专以下	88	22.00	3.27	1.00
	大专及以上	312	78.00		
职业性质	体力劳动	62	15.50	0.85	0.36
	脑力劳动	338	84.50		
月收入	3 000 元以下	148	37.00		
	3 000~4 000 元	99	24.75		
	4 000~5 000 元	55	13.75	2.40	1.43
	5 000~6 000 元	42	10.50		
	6 000 元以上	56	14.00		
家庭是否有 未成年人	没有	264	66.00	0.35	0.49
	有	136	34.00		

数据来源：国家苹果产业技术研发中心。

表 7 - 2　消费者进口苹果消费国别（地区）偏好的描述性统计

中国苹果主要进口国或地区	有效样本个数	有效百分比（％）
智利	69	17.25
美国	142	35.50
新西兰	93	23.25
日本	74	18.50
其他或地区	22	5.50

数据来源：国家苹果产业技术研发中心。

7.4　实证结果与分析

7.4.1　基于人口统计特征的多群组分析

模型结果显示（表 7 - 3），多群组模型的 CFI 值和 GFI 值介于 0.92 至 0.96，高于 0.90 的标准值；$RMSEA$ 值介于 0.05 至 0.07，小于 0.08 的临界值；卡方统计量的 P 值未达到显著水平（吴明隆，2009）。因此，多群组结构方程模型与观察数据能够较好地契合。

表7-3　基于人口统计特征的多群组结构方程模型估计结果

路径	性别		年龄			文化程度	
	男性	女性	29岁以下	30～39岁	40岁以上	大专以下	大专及以上
H1：PIC→SEV	−0.23*	−0.47*	−0.46*	−0.58*	−0.68*	−0.66*	−0.52*
H2：PIC→CPF	−0.51***	−0.57***	−0.42***	−0.48***	−0.33***	−0.52**	−0.43**
H3：IMA→SEV	0.22	0.37	0.43*	0.28	0.30*	0.03	0.08
H4：IMA→CPF	0.08	0.38*	0.22*	0.35*	0.09	0.14	0.32*
H5：ADE→SEV	0.25	0.19	0.29	0.16	0.15	0.12	0.14
H6：ADE→CPF	0.34*	−0.24	0.16*	0.13*	0.05	0.32*	0.12
H7：QST→SEV	0.68	0.23	0.91**	0.55	0.62	0.50	0.66
H8：QST→CPF	0.45**	0.04	0.83**	0.42*	0.54*	0.40*	0.29*
H9：NUX→SEV	0.15	0.60	0.28	0.26	0.19	0.22	0.14
H10：NUX→CPF	0.34	0.25	0.23	0.23	0.02	0.21	0.26
H11：SEV→CPF	0.75*	0.62*	0.84**	0.81**	0.80**	0.79**	0.80**

路径	家庭是否有未成年人		月收入（元/月）				
	没有	有	3 000以下	3 000～4 000	4 000～5 000	5 000～6 000	6 000以上
H1：PIC→SEV	−0.37*	−0.41**	−0.58*	−0.32*	−0.29	−0.25	−0.30*
H2：PIC→CPF	−0.40**	−0.46**	−0.52***	−0.15	−0.26	−0.41***	−0.25
H3：IMA→SEV	0.14	0.12	0.44*	0.20	0.19	0.23*	0.61*
H4：IMA→CPF	0.03	0.03	0.33*	0.19	0.04	0.21*	0.57*
H5：ADE→SEV	0.17	0.13	0.63**	0.69**	0.20	0.16	−0.08
H6：ADE→CPF	0.02	0.02	0.50*	0.54*	0.25	0.11	−0.03
H7：QST→SEV	0.23	0.52**	0.14	0.23	0.42*	0.51**	0.37*
H8：QST→CPF	0.11	0.37**	0.10	0.13	0.31*	0.40*	0.33*
H9：NUX→SEV	0.42	0.37*	0.21	0.26	0.20	0.23	0.07
H10：NUX→CPF	0.36	0.25*	0.15	0.42*	0.14	0.21	0.02
H11：SEV→CPF	0.73**	0.63*	0.73**	0.70*	0.72*	0.74**	0.53*

注：①＊表示 $P<0.05$，＊＊表示 $P<0.01$，＊＊＊表示 $P<0.001$。②路径中H1-H11与前文假设一致。

模型结果表明：在价格因素对消费者进口苹果消费评估的影响路径H1中，女性群体（$\beta=-0.47$，$P<0.05$）比男性群体（$\beta=-0.23$，$P<0.05$）

影响更为显著。主要原因是，女性作为家庭饮食的主要安排者，与男性相比，对价格因素的反映更为敏感，从而使女性群体比男性群体在路径 H1 中显著。基于年龄层次的多群组分析结果表明，40 岁以上的消费群体影响最显著（$\beta=-0.68$，$P<0.05$），其次是 30～39 岁的消费群体（$\beta=-0.58$，$P<0.05$），29 岁以下的消费群体影响最小（$\beta=-0.46$，$P<0.05$），这是因为年龄高的群体更加成熟和理性，在消费评估时会较多考虑商品的性价比，价格反映较为敏感。大专以下消费群体（$\beta=-0.66$，$P<0.05$）比大专以上消费群体（$\beta=-0.52$，$P<0.05$）影响显著。因为整体上大专以下消费群体的收入水平低于大专以上消费群体的收入水平，因而在消费评估时对价格反应更为明显。基于收入水平的多群组结构方程模型结果显示，月收入 4 000 元以下（$\beta=-0.58$，$P<0.05$；$\beta=-0.32$，$P<0.05$）和 6 000 元以上（$\beta=-0.30$，$P<0.05$）的消费群体影响显著，且随着收入的增加，影响程度逐渐降低；月收入在 4 000～6 000 元的消费群体影响不显著。家庭有未成年人的消费群体（$\beta=-0.41$，$P<0.01$）比家庭没有未成年人的消费群体（$\beta=-0.37$，$P<0.05$）影响显著。主要原因是有未成年人的家庭负担相对较重，进行消费评估时更加关注价格因素。

在价格因素对消费者进口苹果消费行为的影响路径 H2 中，女性群体（$\beta=-0.57$，$P<0.001$）比男性群体（$\beta=-0.51$，$P<0.001$）影响更为显著，其主要原因与路径 H1 中的解释相同。基于年龄层次的多群组分析结果表明，30～39 岁的消费群体（$\beta=-0.48$，$P<0.001$）影响最显著，其次是 29 岁以下的消费群体（$\beta=-0.42$，$P<0.001$），40 岁以上的消费群体影响最小（$\beta=-0.33$，$P<0.001$）。大专以下消费群体（$\beta=-0.52$，$P<0.01$）比大专以上消费群体（$\beta=-0.46$，$P<0.01$）影响显著，其原因与路径 H1 相同。基于收入水平的多群组结构方程模型结果显示，月收入 3 000 元以下（$\beta=-0.52$，$P<0.001$）和 5 000～6 000 元（$\beta=-0.41$，$P<0.001$）的消费群体影响显著，且随着收入的增加，影响程度逐渐降低；其他收入阶段的消费者影响不显著。本书结合路径 H1 解释该结果产生的主要原因，月收入在 3 000 元以下的消费者由于受支付能力限制，对进口苹果的价格反映最敏感；调查显示，收入在 4 000～5 000 元的消费群体中，仅有 15.20％的消费者比较关注其他替代性水果的价格变化，价格因素对该消费组群的进口苹果消费影响不显著；收入在 5 000～6 000 元的消费群体中，68.13％的消费者会关注其他替代性水果的价格变化，即虽然价格因素对该组群消费者的购买评估没有影响，但

在价格不理想时会导致消费者转向消费其他替代性水果，影响购买进口苹果的实际执行效果；月收入在 6 000 元以上的消费群体中，74.16％的消费者对其他替代性水果的价格变化较为关注，导致消费者对进口苹果的价格评估较为敏感，但由于收入较高，价格因素对该组群消费者的实际购买并未造成影响。家庭有未成年人的消费群体（$\beta=-0.46$，$P<0.01$）比没有未成年人消费群体（$\beta=-0.40$，$P<0.01$）影响显著，原因解释同路径 H1。

在进口苹果自身属性对消费者进口苹果消费评估的影响路径 H3 中，年龄在 29 岁以下（$\beta=0.43$，$P<0.05$）和 40 岁以上（$\beta=0.30$，$P<0.05$）的消费群体显著，且随着年龄的增大影响程度逐渐降低，这是因为 29 岁以下年轻的消费群体追求时尚，对进口苹果尝鲜型和节日礼品型的购买较多，而 30～39 岁的消费者对果品的外形、产地等关注较少，40 岁以上消费群体购买进口苹果的主要目的是作为走亲访友的礼品，因而进口苹果自身属性对消费评估影响显著。月收入在 3 000 元以下（$\beta=0.44$，$P<0.05$）、5 000～6 000 元（$\beta=0.23$，$P<0.05$）以及 6 000 元以上（$\beta=0.61$，$P<0.05$）的消费群体显著，主要因为当某种商品或者时尚同时引起较多消费者的兴趣和购买意愿时，对这种商品或时尚的需求在短时期内会迅速蔓延、扩展，并带动更多的消费者争相效仿形成消费流行，调查样本中月收入在 3 000 元以下的消费群体多为刚大学毕业的年轻人，相对于其收入水平，追逐消费流行和节日礼品对消费者的需求刺激更为明显，因此，虽受收入水平的限制但路径 H3 的影响依然显著；5 000 元以上的消费群体支付能力相对较高，对苹果的外形、产地等较为关注，因而路径 H3 影响显著。

在进口苹果自身属性对消费者进口苹果消费行为的影响路径 H4 中，女性消费群体（$\beta=0.38$，$P<0.05$）、年龄在 39 岁以下（$\beta=0.22$，$P<0.05$；$\beta=0.35$，$P<0.05$）、大专及以上的消费群体（$\beta=0.32$，$P<0.05$）、月收入在 3 000 元以下（$\beta=0.33$，$P<0.05$）和 5 000 元以上的消费群体（$\beta=0.21$，$P<0.05$；$\beta=0.57$，$P<0.05$）显著，其余消费群体均不显著。主要因为女性比男性更加注重苹果的外形、颜色、品种等感官刺激。另外，本书调查样本中，39 岁以下的消费群体大多为大专及以上文化程度，且收入水平呈现两极分化的特点，3 000 元以下和 6 000 元以上的比例较高，具备接受新鲜事物的消费需求以及相应支付能力，因此，路径 H4 对收入在 3 000 元以下和 6 000 元以上的消费群体影响更为显著。

在进口苹果广告效应对消费者进口苹果消费评估和消费行为的影响路径

H5 和 H6 中，只有月收入在 3 000 元以下（$\beta=0.63$，$P<0.01$）、3 000～4 000 元（$\beta=0.69$，$P<0.01$）消费群体的路径 H5 影响显著，其他消费群体的路径 H5 影响均不显著。在路径 H6 中，男性影响显著（$\beta=0.34$，$P<0.05$），而女性影响不显著；年龄在 39 岁以下的消费群体影响显著（$\beta=0.16$，$P<0.05$；$\beta=0.13$，$P<0.05$），40 岁以上影响不显著。不同群体消费者对广告、品牌等宣传活动的敏感性存在差异的主要原因是，从整体上来说，年轻人比年长人、男性比女性更加关注苹果广告、品牌和别人的评价等外在因素，使得这两个消费群体在路径 H6 中更为显著。大专以下文化程度（$\beta=0.32$，$P<0.05$）影响显著，大专以上文化程度影响不显著，主要因为相对于大专以下的消费群体，接受过高等教育的消费群体对商品有较多的主观评价和判断，对商家的营销策略及别人的评价、推荐等不会盲目信从。月收入在 4 000 元以下的消费群体影响显著（$\beta=0.50$，$P<0.05$；$\beta=0.54$，$P<0.05$），4 000 元以上影响不显著，主要原因是月收入 4 000 元以下的消费群体由于支付能力有限，会通过各种来源途径寻找进口苹果的品牌、口碑等信息，以确保所购买产品的性价比最高，因而比收入高的消费群体对广告效应的反应敏感。

在进口苹果质量安全认知对消费者进口苹果消费评估的影响路径 H7 中，29 岁以下的消费群体影响显著（$\beta=0.91$，$P<0.01$），其他年龄段的消费群体影响不显著。主要因为随着食品安全事件的频发，相对于年长消费群体，年轻消费群体对食品质量安全的关注程度更高。月收入在 4 000 元以上的消费群体影响显著（$\beta=0.42$，$P<0.05$；$\beta=0.51$，$P<0.01$；$\beta=0.37$，$P<0.05$），其他收入阶段的消费群体影响不显著。主要因为收入高的消费群体，具有较高的支付能力满足对食品安全的需求。家庭有未成年人的消费群体影响显著（$\beta=0.52$，$P<0.01$），家庭没有未成年人的影响不显著，原因是未成年人处于身体成长发育的关键阶段，家庭成员对饮食的质量安全问题更加关注。

在进口苹果质量安全认知对消费者进口苹果消费行为的影响路径 H8 中，男性影响显著（$\beta=0.45$，$P<0.01$），女性影响不显著。主要原因是男性更加关注社会公益和食品安全事件，并使得男性群体在路径 H8 中更为显著。29 岁以下的消费群体影响最显著（$\beta=0.83$，$P<0.01$），30 岁以上消费群体的影响次之（$\beta=0.42$，$P<0.05$；$\beta=0.54$，$P<0.05$）。主要因为随着年龄增长，消费者接触和经历的食品安全事件可能越多，心理上对食品质量安全的信任程度会逐渐降低。文化程度低的消费群体（$\beta=0.40$，$P<0.05$）比文化程度高的消费群体（$\beta=0.29$，$P<0.05$）影响显著。主要因为文化程度高的消费群

体对食品质量安全的关注程度较高，能够通过报纸、网络等渠道接触更多的有关食品安全的负面信息，并结合自己的主观判断，因此，相对于文化程度低的消费群体，对进口苹果的质量安全信任有较为全面的认知。月收入在 4 000 元以上的消费群体影响显著（$\beta=0.31$，$P<0.05$；$\beta=0.40$，$P<0.01$；$\beta=0.33$，$P<0.05$），其他收入阶段的消费群体影响不显著；家庭有未成年人的影响显著（$\beta=0.37$，$P<0.01$），家庭没有未成年人的影响不显著，其原因解释与路径 H7 相同。

在进口苹果的营养健康认知对消费者进口苹果消费评估和消费行为的影响路径 H9 和 H10 中，只有家庭有未成年人（$\beta=0.37$，$P<0.05$）的消费群体路径 H9 影响显著，其他消费群体的路径 H9 影响均不显著。在路径 H10 中，月收入在 3 000～4 000 元（$\beta=0.42$，$P<0.05$）和家庭有未成年人（$\beta=0.25$，$P<0.05$）的消费群体影响显著，其他消费群体影响均不显著。主要因为，家庭有未成年人尤其是有婴幼儿的消费群体对营养的关注程度较高，但大部分消费者认为进口苹果和国产苹果的营养成分和含量没有区别。

在进口苹果的消费者评估对进口苹果消费行为的影响路径 H11 中，男性（$\beta=0.75$，$P<0.05$）比女性（$\beta=0.62$，$P<0.05$）显著；29 岁以下的消费群体（$\beta=0.84$，$P<0.01$）比 30 岁以上的消费群体（$\beta=0.81$，$P<0.05$；$\beta=0.80$，$P<0.05$）显著；文化程度高的消费群体（$\beta=0.80$，$P<0.01$）比文化程度低的消费群体（$\beta=0.79$，$P<0.01$）显著；月收入在 6 000 元以下的消费群体（$\beta=0.73$，$P<0.01$；$\beta=0.70$，$P<0.05$；$\beta=0.72$，$P<0.05$，$\beta=0.74$，$P<0.01$）比月收入 6 000 元以上的消费群体（$\beta=0.53$，$P<0.05$）显著；家庭没有未成年人的群体（$\beta=0.73$，$P<0.01$）比有未成年人的群体（$\beta=0.63$，$P<0.05$）显著。

7.4.2　基于进口苹果消费国别偏好的消费者多群组分析

表 7-4　消费者进口苹果消费国别（地区）偏好多群组结构方程模型估计结果

路径	智利	美国	新西兰	日本	其他国家或地区
H1：PIC→SEV	−0.34 *	−0.48 *	−0.36 *	−0.67 *	−0.51 *
H2：PIC→CPF	−0.26 ***	−0.36 ***	−0.68 ***	−0.62 *	−0.35 *
H3：IMA→SEV	0.22 *	0.37 *	0.46 *	0.59 *	0.50
H4：IMA→CPF	0.20 *	0.26 *	0.30 *	0.47 *	1.56

（续）

路径	智利	美国	新西兰	日本	其他国家或地区
H5：ADE→SEV	0.09	0.33 *	0.14	0.38	0.09
H6：ADE→CPF	0.13	0.22 *	0.05	0.13	0.02
H7：QST→SEV	0.34	0.36 *	0.23 *	0.38 *	0.29
H8：QST→CPF	0.20	0.16 *	0.29 *	0.27 *	0.15
H9：NUX→SEV	0.19	0.49	0.53 *	0.32	0.26
H10：NUX→CPF	−0.16	0.29 *	0.40 *	0.48 *	0.28
H11：SEV→CPF	0.67 *	0.52 *	0.58 *	0.64 *	0.43

注：① * 表示 $P<0.05$，** 表示 $P<0.01$，*** 表示 $P<0.001$。②路径中 H1 - H11 与前文假设一致。

从模型结果看（表 7 - 4），多群组模型的 CFI 值和 GFI 值分别为 0.91 和 0.97，高于 0.90 的标准值；$RMSEA$ 值为 0.63，小于 0.08 的临界值；卡方统计量的 P 值未达到显著水平。因此，多群组结构方程模型与观察数据达到较好契合。

模型结果表明：在价格因素对消费者进口苹果消费评估的影响路径 H1 中，购买日本苹果的消费群体影响最显著（$\beta=-0.67$，$P<0.05$），购买美国苹果的消费群体影响（$\beta=-0.48$，$P<0.05$）次之，购买智利和新西兰苹果消费群体的影响较小（$\beta=-0.34$，$P<0.05$；$\beta=-0.36$，$P<0.05$）。在价格因素对消费者进口苹果消费行为的影响路径 H2 中，购买新西兰苹果的消费群体影响最显著（$\beta=-0.68$，$P<0.001$），购买日本苹果的消费者影响（$\beta=-0.62$，$P<0.05$）次之，智利和美国苹果消费群体的影响较小（$\beta=-0.26$，$P<0.001$；$\beta=-0.36$，$P<0.001$）。主要原因是日本和新西兰进口苹果的价格相对于智利和美国进口苹果的价格高，调查也发现，消费者购买的日本富士和新西兰红玫瑰的平均零售价格比美国蛇果高出 50.14%。

在进口苹果自身属性对消费者进口苹果消费评估的影响路径 H3 中，购买日本苹果的消费群体影响最显著（$\beta=0.59$，$P<0.001$），购买新西兰苹果的消费者影响（$\beta=0.46$，$P<0.05$）次之，美国和智利苹果消费群体的影响较小（$\beta=0.37$，$P<0.05$；$\beta=0.22$，$P<0.05$）。在进口苹果自身属性对消费者进口苹果消费行为的影响路径 H4 中，购买日本苹果的消费群体影响最显著（$\beta=0.47$，$P<0.05$），购买新西兰苹果的消费者影响（$\beta=0.30$，$P<0.05$）次之，智利和美国苹果消费群体的影响较小（$\beta=0.20$，$P<0.05$；$\beta=0.26$，

P<0.05）。主要是因为中国苹果消费者对日本和新西兰苹果的口味和品种比较认可，对美国和智利苹果的产地、外形和颜色比较认可，并且调研发现61.00％的消费者购买进口苹果的目的是自己或家庭食用，因而对口味和品种的关注程度较高。

在进口苹果的广告效应对消费者进口苹果消费评估和消费行为的影响路径H5 和 H6 中，只有购买美国苹果的消费群体的路径 H5（$\beta=0.33$，P<0.05）和路径 H6（$\beta=0.22$，P<0.05）影响显著，其他国家或地区的消费者影响不显著，主要因为与其他国家或地区进口苹果相比，消费者对美国苹果的品牌辨识度较高，调查显示，56.88％的美国苹果消费者能够通过包装辨别进口苹果的品牌，且 47.90％的美国苹果消费者比较关注其他消费者对进口苹果的综合评价。

在进口苹果的质量安全认知对消费者进口苹果消费评估的影响路径 H7 中，购买日本苹果的消费群体（$\beta=0.38$，P<0.05）影响最显著，购买美国苹果的消费群体（$\beta=0.36$，P<0.05）影响次之，购买新西兰苹果的消费群体（$\beta=0.23$，P<0.05）影响最小，购买智利苹果的消费群体影响不显著。在进口苹果的质量安全认知对消费者进口苹果消费行为的影响路径 H8 中，购买新西兰苹果的消费群体（$\beta=0.29$，P<0.05）影响最显著，购买日本苹果的消费群体（$\beta=0.27$，P<0.05）次之，购买美国苹果的消费群体（$\beta=0.16$，P<0.05）影响最小，购买智利苹果的消费群体影响不显著。

在进口苹果的营养健康认知对消费者进口苹果消费评估和消费行为的影响路径 H9 和 H10 中，只有购买新西兰苹果的消费群体（$\beta=0.53$，P<0.05）的路径 H9 影响显著，其他国家或地区的消费群体影响不显著，主要因为消费者认为新西兰的苹果含有更为丰富的营养成分，而其他国家或地区的进口苹果与国产苹果并无区别。在路径 H10 中，购买日本苹果的消费群体影响最显著（$\beta=0.48$，P<0.05），购买新西兰苹果的消费群体影响（$\beta=0.40$，P<0.05）次之，购买美国苹果消费群体的影响最小（$\beta=0.29$，P<0.05），主要因为，部分进口苹果消费者对进口苹果的营养健康因素存在主观性、不确定性，甚至盲目性的认识。调查显示，78.75％的消费者认为国产和进口苹果的营养成分相同，但同时，32.75％的进口苹果消费者认为营养健康因素是刺激其进口苹果消费行为的因素。

在进口苹果消费者的消费评估对进口苹果消费行为的影响路径 H11 中，购买智利苹果的消费群体影响最显著（$\beta=0.67$，P<0.05），购买日本苹果的

消费者影响（$\beta=0.64$，$P<0.05$）次之，购买新西兰苹果的消费群体影响（$\beta=0.58$，$P<0.05$）第三，购买美国苹果的消费者影响（$\beta=0.52$，$P<0.05$）最小。

综上所述，结构模型输出结果表明，价格因素（PIC）对各细分市场消费者进口苹果消费评估（SEV）和消费行为（CPF）的影响均为负，假设 1 得到验证；进口苹果属性、广告效应、质量安全和营养健康因素显著对各细分市场消费者进口苹果消费评估和消费行为的影响均为正，假设 2 得到验证；通过路径分析发现各影响因素对进口苹果细分市场消费者的影响程度存在显著差异，假设 3 得到验证。

7.5　主要结论

本书以北京、上海、广州和西安 4 个城市市场的 400 个进口苹果消费者为样本，运用多群组结构方程模型方法，分析影响细分市场中消费者进口苹果消费行为的主要因素。主要结论如下：

（1）基于人口统计特征的细分市场研究表明，性别、年龄、文化程度、月收入和家庭是否有未成年人 5 个调节变量，在不同假设路径中的影响存在差异。各群组的消费群体对价格因素的反映均较敏感。男性和女性都比较关注价格因素；女性比男性更加关注进口苹果的自身属性，而男性比女性则更加关注广告效应和质量安全因素；男性对进口苹果消费的评估结果转化为消费行为的效果显著。这意味着，采取进口苹果价格促销和广告宣传策略，对刺激消费者的进口苹果消费行为非常关键。年龄低的消费群体对感官刺激和质量安全因素较为关注，并比年龄高的消费群体更能将评估结果转化为消费行为。

当进口苹果的产品推广和品牌知名度提高时，能够促进低收入消费群体（月均收入小于 4 000 元）消费需求转变为进口苹果购买力；当中等收入群体（月均收入在 4 000～6 000 元）消费者对进口苹果质量安全认知水平增强时，其对进口苹果的评估水平越高，并将消费评估转化为实际购买行为的可能性越大；当高收入消费群体（月均收入大于 6 000 元）对进口苹果自身属性和质量安全信任度提高时，能够显著提高其评估水平和购买行为，而且由于该群体的购买力较强，对进口苹果的实际需求也更多。

（2）基于消费者进口苹果消费国别偏好的细分市场研究显示，价格因素显著负向影响中国消费者购买美国、日本、新西兰和智利 4 个国家进口苹果的消费评估和消费行为。表明总体来说，与国产苹果相比，进口苹果在中国苹果市场不具有价格优势。价格因素对消费者购买日本和新西兰进口苹果的负向影响显著，即中国市场上美国和智利苹果比日本和新西兰苹果具有价格比较优势。进口苹果的自身属性对消费者购买主要进口来源地苹果的正向影响显著，即与国产苹果相比，进口苹果在中国苹果市场具有品种、外观、风味方面的比较优势。其中，进口苹果的自身属性对消费者购买日本和新西兰进口苹果的正向影响显著，表明在中国苹果市场上，日本和新西兰苹果的自身属性比美国和智利具有更强比较优势。除源自美国的苹果外，广告效应对消费者购买的其他三个国家进口苹果的消费评估和消费行为的影响均不显著。即与国产苹果相比，进口苹果并不具有促销和品牌优势，其中，对消费者购买美国苹果的消费评估和消费行为的正向影响显著，即美国苹果在中国市场具有品牌比较优势。除源自智利的苹果外，质量与安全因素对消费者购买进口苹果的消费评估和消费行为的正向影响均显著，即与国产苹果相比，进口苹果在中国苹果市场具有质量安全方面的比较优势，比较优势度由强到弱依次为日本、新西兰、美国苹果。营养健康因素对消费者购买日本、美国和新西兰进口苹果的正向影响显著，即与国产苹果相比，进口苹果具有营养健康方面的比较优势，比较优势度由强到弱依次为日本、新西兰、美国苹果。

7.6 本章小结

本章利用北京、上海、广州和西安 4 个城市的 400 份进口苹果消费者的微观调查数据，运用多群组结构方程模型方法，以消费者人口统计特征及其消费国别偏好为市场细分基础，分析不同消费群体进口苹果消费行为及其影响因素。结果显示，价格因素负向影响细分市场消费者进口苹果消费行为；进口苹果属性、广告效应、质量安全和营养健康因素正向影响细分市场消费者进口苹果消费行为，且细分市场消费群体的消费偏好存在显著差异，进口苹果满足了细分市场和高端市场中消费者消费偏好多样化的需求。

第8章 陕西省苹果产业供求
平衡现状分析

8.1 引言

本书主要基于国内外的研究成果，在分析全国及陕西省苹果产业供给和需求发展现状趋势及特征的基础上，运用蛛网模型，分析陕西省苹果供求均衡模式及供求平衡变化趋势，探究我省苹果产业的转型机制。研究发现：陕西省苹果需求弹性为 0.006 7，供给弹性为 0.004 7，苹果需求弹性大于苹果供给弹性，表明当苹果市场受到干扰偏离原有的均衡状态以后，实际价格和实际产量围绕均衡水平上下波动的幅度会逐渐缩小，最后恢复到均衡点。但若仅依靠苹果市场内在的调节机制和规律来实现其供求动态均衡需要一个长期过程。为使果农在短期内能够很好地突破蛛网困境，本书通过揭示中国苹果产业经济存在的结构性失衡问题，从果园综合管理等生产技术方面、销售、流通等市场环境方面及地方政府等职能部门的转型升级方面提出相应的对策建议。

8.2 陕西省苹果产业供求平衡现状分析

8.2.1 中国苹果产业总体供求平衡发展现状

苹果总量供需平衡是指在考虑进出口影响下的苹果总供需平衡。产量与进口之和可视为国内总供应量，包括损耗和总供给两部分，见表 8-1、图 8-1 和图 8-2。我国国内一直缺乏关于苹果消费的宏观统计数据，苹果消费量大多基于产销平衡法根据苹果产量大致推算得到，所以很难直接通过宏观的苹果供给和消费数据分析供需平衡情况，本书利用净出口＝出口-进口这一指标分析我国苹果供需的总量平衡问题。国内苹果供需平衡历程可分为三个阶段：20 世纪 80 年代前为第一阶段，这一阶段苹果供不应求；20 世纪 80 年代初到 90 年代中期是第二阶段，这一阶段苹果供不应求，但供需趋于平衡；20 世纪 90 年代中期至今为第三阶段，这一阶段供大于求。

表 8 - 1　中国苹果生产消费平衡表

单位：万吨

年份	产量	进口总量	出口总量	净出口量	国内供给量	浪费量	消费总量	加工消费量	鲜食消费量
1978	229.25	5.29	10.00	4.71	224.54	23.32	201.22	7.54	193.59
1979	289.07	8.68	17.43	8.75	280.22	29.49	250.74	0.00	250.63
1980	238.30	10.50	11.04	0.55	237.75	24.50	213.26	14.59	198.57
1981	302.09	12.90	6.93	−5.97	308.07	31.03	277.04	11.26	265.68
1982	244.10	9.48	6.59	−2.89	246.99	25.02	221.98	19.36	202.53
1983	355.30	12.28	7.19	−5.09	360.39	36.28	324.12	21.26	302.76
1984	295.45	9.25	5.35	−3.90	299.36	30.15	269.21	24.11	245.01
1985	362.78	9.54	6.40	−3.14	365.92	36.88	329.04	27.01	301.93
1986	335.25	10.19	7.20	−2.98	338.24	34.11	304.13	19.51	284.53
1987	428.13	14.53	9.85	−4.68	432.81	43.68	389.13	23.99	365.03
1988	435.65	15.79	12.40	−3.38	439.04	44.54	394.50	24.69	369.67
1989	451.69	14.76	8.23	−6.53	458.22	46.05	412.17	33.27	378.77
1990	433.19	18.18	15.36	−2.82	436.01	44.37	391.64	12.37	379.13
1991	455.73	17.41	11.06	−6.36	462.10	46.56	415.54	36.84	378.54
1992	656.85	21.30	5.68	−15.61	672.46	66.90	605.56	57.87	547.52
1993	907.77	25.14	32.51	7.37	900.40	92.08	808.32	54.91	753.22
1994	1 113.75	30.52	44.32	13.80	1 099.94	112.84	987.11	43.54	943.37
1995	1 401.71	27.50	18.88	−8.62	1 410.33	141.86	1 268.47	142.01	1 126.24
1996	1 706.05	24.75	23.31	−1.43	1 707.48	172.08	1 535.40	148.76	1 386.45
1997	1 722.78	25.83	41.65	15.83	1 706.95	173.80	1 533.15	159.57	1 373.40
1998	1 949.05	32.70	69.85	37.16	1 911.89	196.61	1 715.28	224.91	1 490.16
1999	2 080.98	30.28	39.73	9.45	2 071.54	209.96	1 861.58	324.10	1 537.27
2000	2 043.71	37.97	96.42	58.45	1 985.20	206.03	1 779.17	297.22	1 481.77
2001	2 002.28	30.39	67.34	36.94	1 965.10	202.14	1 763.00	342.09	1 420.69
2002	1 925.06	31.87	95.17	63.30	1 861.91	194.55	1 667.35	364.25	1 302.90
2003	2 110.52	34.80	201.87	167.07	1 943.56	213.02	1 730.55	299.41	1 430.91
2004	2 368.20	28.85	151.31	122.46	2 245.73	238.66	2 007.08	410.10	1 596.77
2005	2 401.69	30.85	178.67	147.82	2 253.86	242.04	2011.82	423.03	1 588.60
2006	2 606.49	56.76	281.81	225.04	2 380.45	262.33	2 118.12	295.33	1 822.60

（续）

年份	产量	进口总量	出口总量	净出口量	国内供给量	浪费量	消费总量	加工消费量	鲜食消费量
2007	2 786.59	29.42	254.35	224.94	2 561.65	280.51	2 281.14	440.14	1 840.80
2008	2 985.08	32.65	219.35	186.70	2 799.38	300.72	2 498.66	442.96	2 055.45
2009	3 168.44	35.39	237.59	202.20	2 966.25	319.18	2 647.07	431.39	2 215.42

数据来源：FAO 数据库。

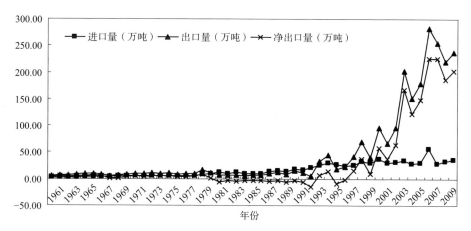

图 8-1　我国 20 世纪 60 年代至今苹果进出口趋势图

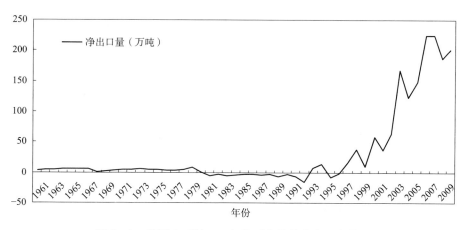

图 8-2　我国 20 世纪 60 年代至今苹果净出口变化图

8.2.1.1 苹果长期供不应求阶段

20世纪80年代之前为第一个阶段,这一阶段我国苹果进口量和出口量平稳,呈现增长趋势,但总的增长速度缓慢,苹果长期处于供不应求的状态。(图8-2)。1980年我国苹果产量为238.30万吨,1961年苹果产量为16.70万吨,1961—1980年,苹果产量增长13.27倍,平均增长速度为15.02%;1980年我国苹果进口量为10.50万吨,1961年苹果进口量为1.79万吨,1961—1980年,苹果进口量增长4.87倍,平均增长速度为9.76%;1980年我国苹果出口量为11.04万吨,1961年苹果出口量为5.13万吨,1961—1980年,苹果出口量增长1.15倍,平均增长速度为4.12%(图8-1)。这一时期我国的苹果净出口不稳定,1980年净出口量为0.55万吨,比1961年3.34万吨的水平下降了2.79万吨,这一点也印证了这一时期我国的苹果长期处于供不应求的状况。

8.2.1.2 苹果供给和需求结构性不平衡阶段

20世纪80年代初至90年代中期是我国苹果供需总量趋于平衡的时期,但是也存在供给和需求的结构性不平衡。苹果消费的增加主要依赖于粗放型经营下的苹果产量大规模增长。这一时期国内生产的平均增长速度高出进口增长速度7.79个百分点,高出出口增长速度3.80个百分点,我国进口增长速度低于出口速度3.99个百分点,这一时期我国的苹果净出口一直为负(除1993年和1994年外),1996年净出口量为-1.43万吨,比1981年的-5.97万吨下降了4.54万吨。1981—1996年从绝对量上讲,我国苹果净出口长期处于负值,说明我国苹果国内消费需求旺盛,且这一阶段仍然处于供小于求的状态;但是从苹果净出口的变化趋势看(图8-1、图8-2),我国国内苹果供需差额自1981年开始不断增加,至1992年后供需差额开始减小,1997年开始这一局面完全改观。第二阶段10余年间,前5年开始有较大幅度上升,后5~10年则是成倍上升,价格如此大幅度上升,一方面是由于市场放开以后,果品价格直接受供求调节,另一方面,也受到通货膨胀和经济发展过热的影响,通货膨胀率较高时,如在1987—1989年、1993—1996年里苹果的收购价格指数也较高,果农的生产积极性也比较高。

8.2.1.3 苹果产业结构调整阶段

20世纪90年代中期至今是苹果结构调整和苹果供需国际化的重要时期。经过30多年的发展,我国苹果产业已具规模,基数已达千万吨级,1997—2009年苹果产量增长量高达1 445.67万吨。2009年我国苹果进口量为35.39

万吨，1997 年苹果进口量为 25.83 万吨，1997—2009 年，苹果进口量增长
0.37 倍，平均增长速度为 2.66%，苹果进口增长量 9.57 万吨。2009 年我国苹
果出口量为 237.59 万吨，1997 年苹果出口量为 41.65 万吨，1997—2009 年，苹
果出口量增长 4.70 倍，平均增长速度为 15.61%（图 8-1）。这一时期国内生
产的平均增长速度高出进口增长速度 2.54 个百分点，低于出口增长速度 10.42
个百分点，低于净出口增长速度 18.45 个百分点；我国进口增长速度低于出口速
度 12.95 个百分点，这一时期我国的苹果净出口水平快速提升，1997 年净出口
量为 15.83 万吨，2009 年苹果净出口量为 237.59 万吨，扭转了 20 世纪 60 年
代和 70 年代我国净出口绝对量小，增长速度慢的局面，也扭转了 1997—
2009 年我国苹果净出口为负的局面。1997—2009 年从绝对量上讲，我国苹果
净出口长期处于正值，说明我国苹果国内消费这一阶段仍然处于总量供过于求
的状态；另外从苹果净出口的增长速度看（图 8-1、图 8-2），我国供过于求
的程度变大，已经成为世界上的苹果出口强国。

　　第三阶段发展注意果品数量，忽视果品质量的提高；注意果树生产技术，
而果品产后贮藏、加工滞后；市场信息不灵，新的营销体系尚未完善等，苹果
价格这一阶段的变化分如下几个阶段。1996—2003 年，苹果价格下降，
2004—2007 年苹果价格上涨，2008 年苹果价格下降，但 2008 年后至今苹果价
格快速爬升。2002—2011 年各类苹果价格指数与 CPI 指数比较，大多数年份
苹果价格指数高于 CPI 指数（表 8-2、图 8-3 和图 8-4），苹果价格上涨的
原因（农业部种植业管理司，2007）主要有两个：一是经过较大幅度的结构调
整和品种改良后，我国苹果的质量提高很快，二是因为我国产后加工能力逐渐
增强，加工消费比重 1997 年后逐渐增加。

表 8-2　2002—2011 年我国各类苹果价格指数

年份	苹果	红富士苹果	国光苹果	秦冠苹果	香蕉苹果	CPI 指数
2002	106.53	120.67	94.63	88.92	49.18	99.2
2003	103.51	103.84	91.6	107.81	110.85	101.2
2004	102.5	102.48	98.21	108.62	105.1	103.9
2005	114.55	112.23	105.47	102.19	113.33	101.8
2006	112.51	108.71	129.1	130.9	112.29	101.5
2007	125.11	122.68	112.18	121.85	113.2	104.8

（续）

年份	苹果	红富士苹果	国光苹果	秦冠苹果	香蕉苹果	CPI指数
2008	98.39	105.63	89.07	110.55	89.15	105.9
2009	107.05	103.9	98.64	104.41	116.73	99.3
2010	131.34	129.28	129.66	141.82	111.61	103.3
2011	113.63	114.31	105.99	115.36	103.11	105.4

数据来源：由《中国农产品价格调查年鉴》所得数据整理所得。

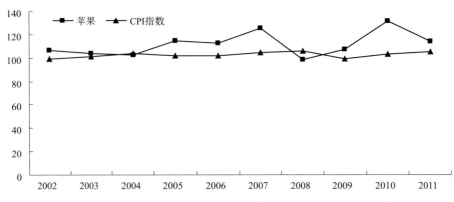

图 8-3　2002—2011 年我国苹果价格指数和 CPI 价格指数变化趋势图

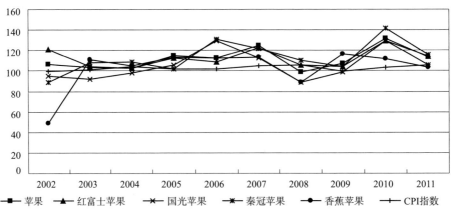

图 8-4　2002—2011 年我国各类苹果价格指数和 CPI 价格指数变化趋势图

1961—2009 年我国鲜食苹果消费比重和加工消费苹果比重趋势见图 8-5。

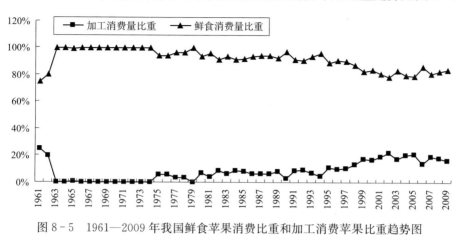

图 8-5　1961—2009 年我国鲜食苹果消费比重和加工消费苹果比重趋势图

8.2.2　陕西省苹果产业供给和消费发展趋势及特征

8.2.2.1　陕西省苹果产业供给现状分析

　　表 8-3 表示的是 2005—2015 年陕西省苹果产量、果园面积和价格的变化情况，从表 8-3 和图 8-6 中可以看出，2005—2015 年陕西省苹果果园面积稳步增长，既没有大幅度暴涨也没有大幅度地削减。主要由于政府对陕西苹果产业技术和销售方面的大力支持，其次是由于近十年来没有出现大面积的病虫害，使得苹果果园面积稳步增长。

表 8-3　2005—2015 年陕西苹果产量、果园面积和价格变化情况

年份	苹果产量（万吨）	果园面积（千公顷）	价格（元/千克）
2005	560.12	426.27	1.55
2006	649.98	462.15	1.38
2007	701.57	484.86	1.99
2008	745.51	530.87	1.68
2009	805.17	564.93	2.08
2010	856.01	601.52	2.73
2011	902.93	623.19	3.01
2012	965.09	645.21	3.04
2013	942.82	665.20	3.49
2014	988.01	665.20	4.26
2015	1037.3	695.10	3.71

数据来源：国家统计局，陕西省统计局。

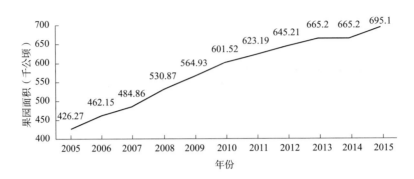

图 8-6　2005—2015 年陕西省苹果果园面积趋势图

图 8-7 显示的是陕西省苹果产量的变化趋势，从图中可以看出，2005—2015 年陕西省苹果产量持续增长，并在 2009 年产量超过山东跃居全国第一。虽然在 2013 年受干旱和冻害等自然灾害的影响，苹果产量有少量减产，但果业机构积极采取有效措施使得产量无大幅减产，并对产业结构进行了进一步优化，基本实现大灾之年不减产的目标。

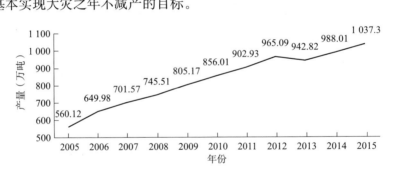

图 8-7　2005—2015 年陕西省苹果产量变化趋势图

图 8-8 显示的是陕西省苹果价格的变化趋势，从图中可以看出，陕西省苹果价格的变动经历了两个阶段。2005—2008 年陕西省苹果价格主要在 1.38～1.99 元/千克的低价位上下波动；2009—2015 年苹果价格由 2.08 元/千克增加至 3.71 元/千克，呈现持续稳步增长态势，这主要得益于陕西省转变果品生产的固有方式，引导果农加强管理、提高果品品质，坚持不懈走以质取胜的发展路子，树立了"陕西苹果"品质优的品牌形象，形成了"陕西苹果"在全国领跑的强势地位，果品质量提高和市场扩大，果农收益显著增加。虽然 2008 年苹果价格受国际金融危机及四川"蛆柑"事件的影响销售价格有所降低，但并

不能影响苹果产业势头持续走高的总体增长态势，陕西省基本脱离了传统的苹果种植手段和单一的销售渠道。

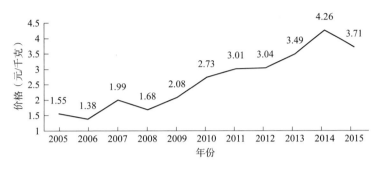

图 8-8　2005—2015 年陕西省苹果价格变化趋势图

8.2.2.2　陕西省苹果产业需求现状分析

　　表 8-4 表示的是我国主要省、市、自治区苹果供需分析状况，其中，人均苹果产量数据为当年该地区的苹果产量除以该地区当年年末人数，而全国平均水平根据我国苹果消费量除以我国的人口数所得，该地区当年的人均供需差额为当年人均产量与全国人均消费量之差，表中的估算并未考虑进出口。从表中可以看出，2000—2015 年，渤海湾苹果优势主产区的山东、辽宁、河北 3 省，黄土高原苹果优势主产区的陕西、甘肃、山西、河南 4 省以及宁夏和新疆的人均苹果产量增长迅速，和我国人均苹果消费量比较，人均供需差额为正，且数值增长很快。表明苹果生产逐渐向渤海湾苹果优势主产区和黄土高原苹果优势主产区集中，除此之外的地区，供需无法平衡，需从苹果主产区流入。

　　从表 8-5 和图 8-9 中可以看出，2005—2015 年陕西省苹果消费量由2005 年的 643.42 万吨增长到 2015 年的 950.80 万吨，尤其是 2008 年之后苹果消费量呈现快速增长状态，概括起来主要有两个原因，一是苹果消费在中国水果消费结构及食品消费结构中的地位不断上升，随着陕西省居民食品消费结构中水果类产品消费比重的增加，苹果消费量呈现总体上升趋势，逐渐成为居民餐桌上的生活必需品；其次运输水平的提高、一级生鲜物流网络的快速发展，为以蔬菜、水果为代表的生鲜农产品的销售提供了非常便利的客观条件，使得消费者能够摆脱过去对生鲜农产品的季节限制，以苹果为代表的水果消费逐渐由季节性消费向常年规律性的消费情况转变。

表 8-4 我国主要省、市、自治区苹果供需分析表

单位：千克

省份	2015 年		2008 年		2000 年	
	人均苹果产量	人均供需差额	人均苹果产量	人均供需差额	人均苹果产量	人均供需差额
北京	5.29	−14.71	9.00	−6.51	11.41	−2.69
天津	4.27	−15.73	6.33	−9.18	7.94	−6.16
河北	37.88	17.88	32.15	16.64	26.78	12.68
山西	71.81	51.81	49.13	33.62	49.43	35.33
内蒙古	3.14	−16.86	2.61	−12.90	1.97	−12.13
辽宁	47.88	27.88	30.79	15.28	29.06	14.96
吉林	5.59	−14.41	9.29	−6.22	3.69	−10.41
黑龙江	3.05	−16.95	4.64	−10.87	3.04	−11.06
安徽	6.83	−13.17	4.54	−10.97	5.05	−9.05
福建	0.00	−20.00	0.00	−15.51	0.01	−14.09
江西	0.00	−20.00	0.00	−15.51	0.00	−14.10
山东	83.32	63.32	72.63	57.12	71.34	57.24
河南	43.48	23.48	32.05	16.54	25.81	11.71
湖北	0.17	−19.83	0.22	−15.29	0.50	−13.60
重庆	0.18	−19.82	0.22	−15.29	0.23	−13.87
四川	5.34	−14.66	2.96	−12.55	2.43	−11.67
贵州	0.44	−19.56	0.27	−15.24	0.22	−13.88
云南	5.60	−14.40	3.58	−11.93	2.36	−11.74
西藏	1.70	−18.30	2.05	−13.46	2.02	−12.08
陕西	229.17	209.17	150.57	135.06	107.79	93.69
甘肃	78.77	58.77	39.04	23.53	26.96	12.86
青海	1.02	−18.98	1.35	−14.16	2.73	−11.37
宁夏	55.99	35.99	37.27	21.76	28.37	14.27
新疆	30.15	10.15	16.43	0.92	15.57	1.47

数据来源：《中国统计年鉴》，FAO 数据库。

表 8 - 5　2005—2015 年陕西苹果消费量

单位：万吨

年份	苹果消费量	年份	苹果消费量
2005	643.42	2011	1 020.11
2006	563.47	2012	1 080.42
2007	801.03	2013	1 044.74
2008	646.05	2014	1 071.31
2009	908.33	2015	950.80
2010	968.46		

数据来源：国家统计局，陕西省统计局。

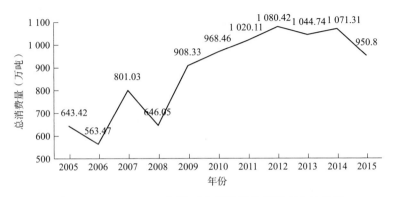

图 8 - 9　2005—2015 年陕西省苹果消费状况变化趋势图

　　虽然随着陕西省苹果生产规模的扩大、生产能力的改善和城乡居民收入水平的不断提高，苹果的消费量在逐步地提升，但随着城乡居民健康、安全意识的不断增强，人们对苹果的营养、品种、品质、方便性与安全性都提出了更高的要求，对名优特新的苹果品种及苹果加工品的消费需求日益高涨，苹果消费逐步呈现多样化、高档化，同时，苹果及其加工产品市场走向成熟化。

8.3　基于蛛网模型理论的苹果供求均衡模式分析

　　此处基于苹果供求总量的视角，来分析并预测陕西省苹果供求平衡模式。研究苹果供求平衡的方法主要集中在两方面：一方面，将蛛网模型理论应用于苹果供求平衡的分析；另一方面，通过建立苹果供求模型来分析苹果供求均衡模式。

8.3.1 基于供求关系的蛛网模型的建立

由于苹果是有较长生产周期的农产品，因此可以将蛛网模型应用于苹果的供求均衡分析。基于蛛网模型理论，建立苹果供给与需求关系的联立方程模型如下：

$$Apple-D=\alpha-\beta Apple-P_t+\mu_1 \qquad (8-1)$$

$$Apple-S=-\delta+\gamma Apple-P_{t-1}+\mu_2 \qquad (8-2)$$

$$Apple-D=Apple-S \qquad (8-3)$$

其中，α、β、δ 和 γ 均为模型的待估参数，μ 为模型的误差项。式（8-1）为苹果需求方程，式（8-2）为苹果供给方程，式（8-3）为苹果供求恒等式。所有变量均采用原始数据，因此回归系数表示斜率。通过对模型进行估计可以得到以下三种情况：第一，当 $\gamma>\beta$ 时，供给弹性大于需求弹性。随着时间的推移实际价格将以越来越大的幅度围绕均衡价格上下波动，最终将偏离均衡价格，无法恢复平衡，属于"发散型蛛网"。第二，当 $\gamma<\beta$ 时，供给弹性小于需求弹性；随着时间的推移，实际价格 P_t 将以越来越小的幅度围绕均衡价格上下波动，最后逐渐向均衡价格收敛，属于"收敛型蛛网"。第三，当 $\gamma=\beta$ 时，实际价格以相同的幅度围绕均衡价格上下浮动，属于"封闭型蛛网"。目前在我国的农产品市场上，则主要是前两种模型的运行。在传统蛛网模型中，除第一期受到外在原因干扰外，其他各期的产量均由前一期的价格决定，而不会再受新的外在原因干扰。

8.3.2 基于蛛网模型的苹果供求平衡分析

通过对联立方程模型的求解，可以初步判断我省苹果供求之间是否平衡或是否能实现平衡。本书基于 Eviews7.0 软件，通过建立系统方程，采用完全信息最大似然法（FIML），对上述基于苹果供求关系的蛛网模型进行系统估计，模型结果如下：

$$Apple-D=-3.2632+0.0067Apple-P_t \qquad (8-4)$$

$$Apple-S=-1.5549+0.0048Apple-P_{t-1} \qquad (8-5)$$

图 3-1 和图 3-2 显示的是需求和供给曲线的散点图，从图中可以看出，需求曲线 $Apple-D$ 拟合程度较高。模型结果显示 R^2 值为 0.871 9，参数显著性检验通过，说明回归系数有效。同时方程 $Apple-D$ 的 F 统计量为 54.439 5，模型成立。供给曲线 $Apple-S$ 参数显著性检验通过，R^2 值为 0.855 5，表

明需求曲线拟合优度高，曲线有效可以进一步说明情况，F统计量为47.355 7，表明方程的整体显著性的假设检验通过，模型成立。

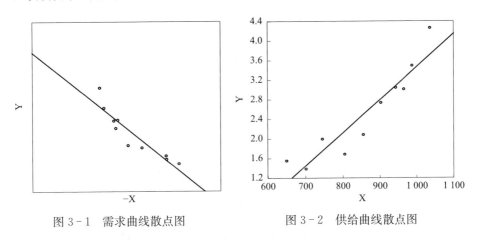

图3-1 需求曲线散点图   图3-2 供给曲线散点图

由蛛网模型的基本内涵可知，供求函数主要基于价格构建，表明供求弹性是针对价格而言的，供求弹性分别表示供给价格弹性和需求价格弹性。因此，通过比较苹果供给价格弹性和需求价格弹性的大小便可确定苹果供求总量之间是否平衡。由模型结果可知：苹果需求弹性（即需求价格弹性）的绝对值为0.006 7，而苹果供给弹性（即供给价格弹性）为0.004 7，说明苹果需求弹性大于苹果供给弹性，亦即苹果需求对价格变化更为敏感，苹果价格变化对苹果需求量的影响更为明显。根据蛛网模型理论，苹果需求弹性大于苹果供给弹性时，当市场受到干扰偏离原有的均衡状态以后，实际价格和实际产量围绕均衡水平上下波动的幅度会越来越小，最后会恢复到原来的均衡点，形成"收敛型蛛网"。这与基于蛛网模型的分析结果保持一致，表明苹果供给量与需求量之间出现不平衡状况后，苹果供求市场能根据市场信息和价值规律的作用自动实现供求总量之间的平衡。

同时，由于陕西省苹果产业当期产量与当期价格的变化大致可以分为两个阶段：2005—2009年陕西省苹果市场价格呈封闭的蛛网模型，苹果价格在1.38～1.99波动。而2009—2015年苹果价格持续稳定小幅增长，短期价格增长果农是获利的。根据蛛网模型理论，当苹果需求弹性大于苹果供给弹性，那么当市场受到干扰偏离原有的均衡状态以后，实际价格和实际产量围绕均衡水平上下波动的幅度会越来越小，最后会恢复到原来的均衡点。如果苹果供给量与需求量之间出现不平衡状况，苹果供求市场能根据市场信息和价值规律的作用自动实现平衡，亦即从长期来看苹果供求总量之间最终会实现平衡。

由分析结果可知，陕西省苹果市场价格和产量通过价值规律和市场的规律以及市场调节功能，最终能够实现动态均衡，但若仅仅依靠苹果市场内在的调节机制和规律来实现其供求动态均衡需要一个长期过程。为使我省苹果产业在较短的时期内实现供求均衡，首先要根据陕西省苹果产业供给和需求的内在机制，陕北、关中、陕南等各苹果主产区因地制宜，优化苹果种植结构，从空间上保障苹果的供需均衡及价格稳定；其次，提高生鲜农产品储藏设施建设力度，促进苹果汁、苹果醋、苹果干等深加工产品的发展，缓解鲜果市场的压力，从时间上保障苹果的供给和需求；最后，加强苹果产业链标准化管理，形成"种-采-运-藏"一体化的等苹果质量管理体系，从质量方面保证苹果的供给和需求。

8.4 供求失衡状态下陕西省的苹果产业经济转型机制分析

苹果作为我省重要的经济作物，其产业政策的制定对苹果产业经济发展具有重要的作用和影响。本书依据前文研究结果，从果园综合管理等生产技术方面，销售、流通等市场环境方面及地方政府等职能部门的转型升级这三个方面探讨陕西省苹果产业的转型机制。

8.4.1 果园综合管理转型机制分析

8.4.1.1 建设苹果生产技术和质量管理标准体系

建设苹果生产技术和质量管理标准体系，从生产标准化角度提高陕西省苹果产业的综合竞争力。在生产过程中，需在当地农业部门的监督下按照标准化生产要求，明确生产投入品，包括安全的化肥、农药、激素类药物的使用范围，规范的果树栽培、修剪操作、合格的质量、品级特征、规范的再包装要求等内容，修订陕西省特色品牌农产品生产标准。通过跟踪、参考国际化的农业标准，优先在我省实施苹果标准国际化战略，以此推动陕西省农产品整体标准化水平的建立。同时，实施标准化的生产和质量管理，除了要规范生产过程和销售环节之外，更要从源头抓起，规范苹果树苗的选种育种，防止劣质和不符合标准的育种产品走进市场是提高陕西省苹果产业竞争力的根本途径。

8.4.1.2　改进果园生态，加强苹果质量管理体系建设

一是应该针对苹果产业"节约成本、提高质量、增加效益"的综合发展目标，加强果园土肥水综合配套管理；二是依据"生产、销售、监督"和"农户、地方合作社、典型龙头企业"的综合发展思路构建以陕西省为中心的黄土高原优势区和环渤海湾优势的综合生产管理制度；三是除了监督果品生产环节的各项质量指标外，监督和职能部门也要定期进行培训，提高相关工作人员的实际业务水平，避免因业务疏忽导致管理疏漏。陕西省应该将苹果产品的质量抽查和监督工作作为平常例行工作，随时对以洛川、延安为代表的苹果原产地进行环境监控、生产规范抽查，确保苹果产品从田间地头到销售市场的全方位监管，不断提高优势农产品的质量安全水平。

8.4.1.3　加强果园水肥、农机等基础设施建设

要加强陕西省苹果产业生产和销售设施装备，增强苹果产业竞争力提升的基础支撑需要从三个方面入手。一是改进水利设施，进行苹果主产区灌区续建配套与节水改造，通过这一举措可以在增强植保的基础上，防止主产区水土流失，影响苹果种植区的耕地质量。通过农业节水示范工程的成功运用，能够全面增强陕西省各类优势特色农产品的基础产出能力。二是加快推进以苹果为代表的高价值农产品的机械化生产，鼓励有条件的主产区和龙头企业示范基地发挥先进农业机械使用和示范的带动作用。三是积极推进陕西省生鲜农产品基础物流建设，依靠现代农业的示范基地和产地品牌基础，建设优势农产品出口优势。

8.4.2　市场环境构建机制分析

市场的建设和发展对苹果产业具有重要的作用和意义。加快苹果市场的流通设施建设可以提高贮运能力，疏通苹果流通渠道；加强苹果市场体系和信息体系的建设可以提高苹果的产业化经营水平，促进产销衔接。另外，建立健全市场营销服务体系，才能促进中国苹果产业的健康持续发展。

8.4.2.1　创新企业营销机制，完善苹果流通体系

加强苹果市场基础设施建设，采用多种方式，鼓励社会闲散资金投入农业领域，尤其是近年随着农业电子商务的快速发展，对农产品物流体系的建设要求提升，鼓励相关资金投资生鲜农产品物流设施建设，对改革现行苹果批发市场的经营管理体制，具有重要意义。通过建立投资—经营—盈利的综合机制，使以西北果品批发市场等为代表的大型果品批发市场成为自主经营的主体，在

有效利用本国资金的同时，积极引导经验丰富的外商企业和个人投资陕西省的生鲜果蔬物流产业，并借鉴国外先进的物流系统管理模式，激发我省苹果流通设施的创新，促进流通产业整体水平的提高。

8.4.2.2 完善苹果产业的市场体系，建立有效的产业信息网络体系

完善苹果产业的市场体系需要从三个方面入手，一是通过对苹果原料、分销渠道的市场资源配置，提高苹果产业的经营集中度，实现生产的规模经济，以及产业化的经营。二是通过建立果品冷藏体系，突破季节和时间限制，实现苹果产品的规模化销售，抢占市场先机。三是加强合作组织和龙头企业建设，支持连锁经营系统，继续做好"农-超"对接工作。增强陕西省苹果产业市场信息建设体系，实现生产和销售环节的无缝衔接。分别在陕北、关中、陕南等苹果主产区建设专业的果品专业批发市场，支持果品营销企业在全国各大中型重点城市组建陕西苹果产品的推广和零售中心，在中小城市建立部分网点，并且做好苹果的储藏、包装和运输环节，建立完善的基础配套设施。并且依靠农村和县乡的信息网络系统，建立规范的信息传递机制，将网络与收音机、电视等传统的传播渠道相结合，全方位及时准确地为苹果种植户输送国内外果品市场现货和期货价格以及国内外先进的生产管理资料等相关信息。

8.4.2.3 构建苹果营销服务体系，建立多层次苹果消费市场

陕西省需了解全球果品市场的产量和价格信息，通过建立全球性的市场营销模式，将世界主要苹果生产国的相关农业政策法规、农业加工产业的投资环境等信息进行深入分析，探讨研究拓展国产苹果多元化市场的机制和措施；同时，培养多级别，多类型的苹果产品市场，除了通过调整早、中、晚熟苹果品种的种植比例，形成各具特色而又相互协调的鲜果消费市场之外，还要积极推进以浓缩果汁、苹果醋、苹果干为主导，多种苹果加工产品共同发展的苹果加工产业，从横向和纵向方面来加深和拓展苹果产业的综合发展。

8.4.3 政府职能部门的政策扶持机制分析

8.4.3.1 推进栽培制度创新和新栽培模式的推广

我省应该积极响应目前的苹果栽培制度创新号召，抓住多元化栽培技术模式创新的机遇，积极拓展矮砧苹果砧木选育工作，在全省苹果主产区范围内实现品种区域化、区域品牌化的创建。在全省范围内抽调生产、销售、加工等环节的专家成立陕西省苹果矮砧集约高效栽培技术模式推广专家组，负责矮砧技术模式的推广计划，实施规范和操作技术标准。同时在陕北、关中、陕南等重点苹果种植区配套实施大苗培育工程、栽培新模式样板示范园工程以及培训工程和多项扶持政策。

8.4.3.2　发展壮大龙头企业，实施龙头企业带动战略

首先，走大集团发展之路，实施龙头企业带动战略。贯彻落实中央关于扶持农业产业化龙头企业的一系列优惠措施，发展和壮大一批能够带动果农进入市场，与果农形成风险共担，利益共享的龙头企业。鼓励企业采取"公司＋基地＋农户""订单农业"等方式，带动苹果产业的发展。鼓励、支持列入国家和省部级扶持对象的龙头企业，通过兼并、联合、参股、租赁等形式实行资本扩张，支持符合条件的企业进行股份制改造，建立现代企业制度。抓好苹果优势产区的发展建设，按照扶优扶强的原则，促进果汁加工业走向联合，逐步发展成为果汁加工集团，占领国际果汁市场；依托苹果原产地保护，支持果品营销优势企业开展创名牌活动，争创世界名牌，提高我国苹果产业的国际竞争力。其次，提高苹果产业的社会化服务水平，坚持提高主产区典型龙头企业的辐射和带动作用。在陕西省苹果优势产区重点支持，为苹果产业发展提供专用技术，并且为产业发展提供加工设备、包装材料以及发展生鲜果皮物流运输为主的企业，通过对这些企业和组织的支持和帮助，使得他们能够向果农提供生产资料、加工销售、技术指导等产前、产中、产后全程服务，同时更科学地指导农民按市场需求，进行标准化生产管理，从而增强企业的示范和带动作用。

8.4.3.3　加强对果农合作社的扶持，培育苹果专业合作组织

注重培育发展苹果专业合作社，提高果农的组织化程度。本着自愿互利的原则，引导和帮助果农，以资本联合和劳动联合为基本形式，组建独立的、专业化的苹果专业合作社、苹果行业协会及其他苹果中介服务组织，一方面，为果农提供技术、生产、加工、销售等一条龙服务，成为果农与苹果加工企业、收购组织联系的枢纽；另一方面，制定行业标准和行业规章，加强行业自律，规范行业经营秩序，加强与国外同行交流和沟通。鼓励果品生产、加工、销售和技术服务企业，组建果业协会、行业协会或企业联合会，加强自律意识，规范经营行为，防止无序竞争，提高苹果产业的国际竞争力。

8.4.3.4　建立创新协作机制，整合与创新科技资源

通过建立陕西省苹果产业协同创新机制，整合陕西省的优势农业科技资源，提高利用效率，应该从三个方面入手。一是构建陕西省现代苹果产业技术体系建设与基层农技推广体系间的长效协作机制，促进机构、经费、人员等全

方位对接。二是改革和创新苹果产业的生产工具，促进陕西省苹果产业由劳动密集型向劳动节约型转变，促进"产、学、研"有机结合，提升技术进步对陕西省苹果产业发展的积极贡献。三是依据农村劳动力的年龄结构，注重培育新型果农，实现陕西省苹果产业的可持续发展。在政府相关各部门的配合下，大力开展农民技术培训。完善技术服务与培训网络，建立公共资讯和专业咨询系统或机构。在陕西省大力发展"农业互联网＋"的背景下，充分利用地方教育资源，加大对新型农民的科技和劳动技能培训，提高陕西省苹果产业生产队伍的文化素养，最终构建农业综合服务模式。

8.5　推进陕西省苹果产业经济转型升级的政策措施

根据我省近年来苹果产业的发展情况，其产业政策需要在微观和宏观方面进行适当的战略调整和控制。在宏观方面，进一步调整产业政策，加强国家的宏观调控。利用财政、金融、保险等相关部门的政策加大对苹果产业的支持。通过综合运用市场、经济、行政等手段，重点支持苹果优势区域建设，特别是重点县的建设；加大对经营规模大、效益好、资信度高的苹果产业龙头企业的支持力度，给予政策性的信贷支持，提供长期低息专项贷款以及发展基金；进一步改革外贸体制，建立一个更加宽松、有利于扩大苹果出口的对外贸易体系，鼓励各种所有制企业扩大苹果及其加工产品的出口；加强对进口苹果的检验检疫，合理提高检疫技术标准。

在微观方面，提高产业化经营水平，完善服务体系，探索体制创新和服务模式的创新。加强重点市县果树站、农业技术服务中心的建设，充分发挥基层组织的技术推广服务作用；加强公共营销服务系统基础设施的组织建设，完善现代化信息服务体系，不断提高信息的收集、处理、发布能力，为生产和经营提供全方位信息服务，充分利用各种传媒进行技术推广和科普宣传，以信息化促进产业化；加快发展果业专业合作经济组织和行业协会，提高苹果产业组织化程度和市场竞争力；加快苹果产业结构调整和布局规划，促进苹果产业向优势区域集中。

8.5.1　产业组织政策选择

在陕西省苹果产业发展的过程中，逐步推进苹果的产业化经营，引导企业和果农组建苹果行业协会、生产联合会、合作社等组织，通过"公司＋中介组织＋农户"或"公司＋生产基地＋中介组织＋农户"等各种形式，建立企业与果农之间利益共享、风险共担的关系，通过建立苹果产业协调机制，发展壮大龙头企业和培育苹果合作社，增强抵御市场风险的能力，提高产品的标准化生产水平，保证农产品的质量安全，保障苹果产业健康有序的发展。

8.5.2　产业结构政策选择

产业结构政策是我国苹果产业发展的基础和前提。有效的产业结构政策有利于苹果产业的规模化、专业化生产。加快果树苗木和科技支撑体系建设，调整果品的品种结构，满足市场的多方面、多层次需求。政府应加强对苹果生产优势区域的扶持，发挥其规模优势效应，促进优势农产品的整合和发展。另外，加强推进苹果产业化经营、规模化发展，从而促进苹果产业的持续健康发展。

首先，培育和推广优良品种，加快品种结构调整，培育多层次消费市场。加快果树良种苗木和科技支撑体系建设，调整果品品种结构。按照果业未来发展需求，以果树良种苗木繁育中心为源头，在果品主产区建设扩繁基地，尽快建立健全果树良种苗木繁育体系，从而加快果品结构调整。通过建设苹果研究发展中心，加强果业科技攻关和成果转化，用先进技术支撑体系产业发展。各级政府要积极采取补助、贴息等优惠政策，支持优势产区基础设施建设和技术推广。

其次，延伸苹果产业链，加快发展苹果深加工业，推进苹果产业化经营。加快发展苹果深加工业，推进苹果产业的结构性调整，促进苹果产业化经营。随着中国居民收入水平提高、消费文化转变，未来中国苹果加工业有广阔的发展空间与潜力。但现阶段中国苹果加工业发展相对落后，且产品结构单一，主要以浓缩果汁为主，因此未来应加大苹果产品结构调整，要提高加工产品比例，在提高浓缩果汁质量与效率的同时，大力发展其他加工产品诸如苹果干、苹果酒、苹果醋、苹果酱等，使中国苹果产品结构更趋合理，更符合国内外市场需求。

再次，推进苹果产业化经营发展战略。发展苹果产业化经营，可以有效地延长并提升苹果的产业链条，增加苹果的附加值，提高苹果产业的整体效益。不断调整苹果的产业布局，形成苹果产业集聚效应；提高苹果深加工比例，加强苹果上中下游产业的联系，形成产业关联效应。此外，也要不断完善苹果产业发展的外部环境，如制度法律环境、政策环境、金融服务环境等。

最后，加强对苹果优势产区的资金扶持。一方面，陕西省农业和财政等部门政策应该向以洛川、延安为主的陕北苹果优势产区的投资建设倾斜，扶持苹果优势主产区的基础设施和产业调整。政策支持的范围不仅包括主产区的苹果种植耕地基本建设、种植户的小型水利补贴，还包括农业相关企业进行新鲜果品收购、销售以及果汁和其副产品加工的贷款；同时地方政府应积极出台鼓励政策，为社会资金到苹果优势产区投资发展农业产业化经营提供良好的政策环境。另一方面，出台苹果主产区的苗木补贴、农机购置补贴和生产资料补贴；简化苹果产品流通环节的审批程序，降低苹果等保质期较短的生鲜农产品在物流环节的交易成本，提高市场竞争力。

8.5.3 产业布局政策选择

合理的产业布局是产业发展的基础和前提。推进农业产业结构的战略性调整，增加对苹果优势产区的建设投资，促进苹果产业向优势区域集中，从而形成合理的苹果产业布局。另外，还要加强政府对区域布局工作的领导，做好苹果产业布局规划，促进苹果产业规模化、专业化发展。

推进产业结构调整，增加对苹果优势产区的投资，促进生产向优势区域集中。加大政府的宏观指导和支持力度，用好"绿箱"政策，灵活运用"黄箱"政策，确立财政把支持苹果生产作为重点农业产业项目，通过增加对苹果优势产区的建设投资，促进苹果产业向优势区域集中。实施农产品区域布局规划，加强基础设施建设，加强对区域布局工作的领导。

第9章 结论与对策建议

本书在借鉴国内外农产品贸易研究成果的基础上，建立中国苹果进口贸易分析的理论框架，利用联合国贸易统计数据（UNCOMTRADE）、美国农业部统计数据（USDA）和中国海关统计数据，运用统计描述分析法、需求理论和模型、消费行为理论及模型，详细分析近20年中国苹果进口贸易的长期趋势特征、贸易结构特征和市场准入特征，揭示中国苹果的进口规律。针对中国苹果进口的阶段性特征，运用恒定市场份额模型，从国际竞争优势视角，分析中国苹果进口量快速增长的源泉，探讨中国苹果进口量快速增长的国内外影响因素。在比较国产苹果和进口苹果品种和质量、消费动机、目的和价格等差异化的基础上，运用经典需求理论和实证模型，分析中国对主要苹果进口来源地苹果的需求特点，测算中国消费者对源自智利、美国、新西兰和日本苹果的支出弹性、需求价格弹性，揭示中国进口苹果需求规律和特征。运用消费者行为理论和模型，从微观消费视角，分析中国消费者进口苹果消费行为的影响因素，在此基础上，引入消费者市场细分理论，进一步分析不同消费群体的进口苹果消费行为和影响因素，揭示中国苹果进口快速增长的内在驱动力。本章主要依据前文的研究成果提炼本书的研究结论，并由此得到进口苹果对中国苹果产业发展的政策启示。

9.1 研究结论

9.1.1 苹果进口贸易特征

1992—2012年，中国苹果进口贸易除2002—2006年呈下降外，其余年份均呈现持续快速增长趋势。本书在对中国苹果总体进口规模进行分析的基础上，运用统计描述方法分析中国苹果进口规模、进口价格、进口季节特征和进口市场结构特征，并运用季节分解模型、市场集中度测算和市场波动同步性检验等方法，揭示中国苹果进口的变化规律。

（1）中国苹果进口的趋势特征。中国苹果进口数量呈现非线性增长态势，进口金额却呈现高速线性增长态势，进口金额的增长率高于进口数量的增长率。2000 年之前，由于中国对水果进口实行较高的关税壁垒和严格的检验检疫措施，抑制了中国的苹果进口量增长，导致实际进口数量和金额均低于潜在进口规模。进入 21 世纪之后，除 2001—2002 年实际进口数量和金额均高于潜在进口规模之外，其余年份由于中国经济形势持续好转，消费者购买力增强，实际苹果进口规模仍低于潜在进口规模，出现进口缺口。未来中国苹果进口贸易仍存在增长空间，且在中国苹果进口数量的增长速度低于进口金额增长速度的市场环境中，中国进口苹果的市场价格仍将持续升高。

（2）中国苹果进口结构特征。中国苹果进口市场集中度高。中国进口的苹果 90.00% 以上集中于智利、美国、新西兰和日本，国内流向结构也主要集中于广东、上海、辽宁、北京、天津和福建等地。1992—2012 年中国苹果进口市场集中指数（CI）均超过 95.00%，国内苹果进口赫芬达尔指数（HHI）均值为 0.42，说明近 20 年中国苹果进口来源地结构属寡占 I 型。自 2000 年，中智双方签署了《中华人民共和国国家出入境检验检疫局和智利共和国农业部关于智利苹果输华植物检疫要求的议定书》之后，智利苹果进口 CI 值快速增加，年均增长率达到 26.47%；美国作为中国苹果进口的第二大国，其进口额占苹果进口总额的比重在 20 年间呈现显著波动的状态；新西兰苹果进口额呈现波动增加的趋势；中国对日本苹果进口的 CI 值总体上保持稳定。

智利和美国与中国苹果进口市场结构波动规律基本吻合，较好地适应了中国苹果进口市场格局。1998—2002 年新西兰苹果进口量的提高并不是由于新西兰的出口策略适应了中国苹果市场，而是因为新西兰苹果价格的下降导致了进口量的大幅提高，2002—2006 年，新西兰的苹果进口量与中国苹果进口总量的波动规律接近，进口单价波动与中国苹果单价的上升趋势不符，导致进口量大幅下降。日本的苹果进口量和单价与中国苹果进口总量和单价的波动规律相差较大，日本进口量的变动是由于价格的变化而不是其出口策略适应了中国的苹果市场结构。

（3）中国苹果进口市场准入特征。中国苹果进口的关税壁垒降低，但非关税壁垒逐渐增强。按照世贸组织协定，2004 年中国水果的进口贸易关税从 40.00% 下降至 13.00%，并逐步放开部分进口准入国家和地区的限制，总体来看，中国苹果进口非关税壁垒，如卫生检疫措施、技术性贸易壁垒等仍呈现加强趋势。

9.1.2　苹果进口增长影响因素

在城市化快速推进，生产资料成本上升，科技管理水平滞后的产业发展环境中，中国苹果快速增长，并且经历了低位徘徊期（1992—1998 年）、起步增长期（1998—2004 年）、衰退期（2004—2006 年）和快速增长期（2006—2011 年）4 个发展阶段。本书从中国苹果进口市场份额变化视角，运用恒定市场份额模型（CMS），研究中国苹果进口快速增长源泉，结果表明，中国苹果进口贸易增长影响主要包括世界经济影响、国内经济影响、市场结构影响，以及这些因素的交互影响。

（1）世界经济影响。在起步增长期，1997 年亚洲金融危机引起世界范围内的货币贬值，导致苹果主要进口国俄罗斯、欧盟国家、东南亚等的苹果进口需求减少，对中国进口需求的拉动作用有限；在衰退期，虽然中国约 92.42%的苹果进口增加是由于世界经济增加因素导致的，但这一时期中国苹果进口引力的巨大缩减仍导致进口降低，且这一时期中国苹果进口引力的变化方向与世界苹果总体进口需求的变化方向相反。在快速增长期，中国苹果进口贸易主要来自国内进口引力，而不是由世界经济增长或进口结构调整引起。

（2）国内经济影响。在起步增长期，苹果进口贸易市场开放度渐趋提高促使中国苹果进口引力提高，但国内苹果生产结构调整、生产效率提高，国产苹果竞争力增强亦同时抑制了进口引力的发展；在衰退期，国内产业结构调整的效果凸显，国产苹果竞争力显著增强，对进口苹果存在替代效应，但该时期，国内消费者进口苹果消费偏好尚不成熟，导致进口引力下降；在快速增长期，建园及果园运行过程中的物质投入要素价格、劳动力工资、果园经营管理过程中的服务费用普遍、持续上涨，导致苹果生产及经营者面临成本推进型涨价压力。且由于该时期国内消费者对高端优质苹果需求增加，导致中国市场对进口苹果的进口引力增强。

（3）苹果进口市场结构影响。在起步增长期，中国苹果进口主要集中于智利、美国、新西兰等苹果出口供给比世界总体供给发展缓慢的国家和地区，导致中国苹果进口贸易发展缓慢；在衰退期，中国苹果主要进口来源地美国、智利和新西兰均成为世界主要的苹果出口国，苹果进口主要集中于出口供给比世界总体供给发展快的地区，与苹果主要出口国的贸易往来是中国苹果进口贸易增加的源泉之一；在快速增长期，受到 2007 年全球金融危机的影响，世界主要苹果生产国和出口国由于国内消费能力下降、市场饱和导致苹果市场价格降低，同时中国国内通货膨胀导致的原材料价格全面上涨，进一步刺激了中国的进口需求。

9.1.3 苹果进口需求

在世界总体苹果进口需求增加、进口市场集中度提高及中国苹果进口引力逐渐增强的市场环境中，本书运用需求系统模型研究中国消费者进口苹果需求预算和价格变动对进口苹果需求的影响，分析中国主要苹果进口来源地之间的替代关系，探索中国苹果进口对苹果产业发展的影响，结果表明中国消费者对源自不同国家的进口苹果具有不同的支出弹性和价格弹性，且中国苹果进口具有季节性差异的特点。

（1）中国消费者对源自智利和新西兰苹果的支出弹性接近于单位弹性，分别为 1.01 和 1.02，表明中国消费者对智利和新西兰苹果已形成稳定的偏好；中国进口美国苹果的需求支出缺乏弹性，为 0.70，即中国消费者苹果进口支出变化对美国苹果进口的影响不显著；中国进口日本苹果的需求支出富有弹性，为 5.49，即在其他条件不变的前提下，消费者需求支出增加会刺激日本苹果进口大幅增加，而需求支出减少会导致日本苹果进口大幅减少。

（2）日本苹果的自价格弹性较高，表明中国消费者对日本苹果的价格敏感性较强，日本进口苹果价格上升能够有效抑制中国进口日本苹果；智利苹果与新西兰和日本苹果之间的交叉价格弹性均为负值，在中国苹果市场上具有互补关系；美国与新西兰、日本苹果之间的交叉价格弹性为正值，在中国苹果市场上具有替代关系；新西兰与日本苹果之间的交叉价格弹性为负值，在中国苹果市场上具有互补关系；智利和美国苹果之间的交叉价格缺乏弹性，两国苹果在中国苹果市场上无显著替代效应。

（3）中国进口智利苹果存在显著季节性差异，其主要原因是中国和南半球的气候差异加之国内贮藏加工技术落后，早中熟优质果品供给相对不足，导致国产苹果、进口苹果成熟季节具有互补特征。新西兰苹果进口的季节性变化特征与智利相似，但中国消费者对新西兰进口苹果的品种和品牌信任度大于智利苹果。中国进口日本苹果无显著季节性差异，但日本苹果具有高质量和高品牌知名度，主要满足中国高端、精品苹果市场需求。且中国消费者对日本苹果的消费偏好大于美国苹果。

9.1.4　进口苹果消费行为及影响因素

本书运用结构方程模型方法，分析了影响消费者进口苹果消费行为的主要因素。结果表明，价格因素是负向影响消费者进口苹果消费评估和消费行为的最大因素，而进口苹果属性、涉果企业的广告效应、消费者对进口苹果的质量安全认知，均正向影响消费者对进口苹果的消费评估和消费行为。

（1）在影响消费者进口苹果消费评估和消费行为的诸因素中，消费者对进口苹果价格变化反应最敏感。这表明，国内市场上进口苹果并不具有价格优势，国产苹果存在替代进口苹果的战略机遇。即只要国产高端苹果具备低成本、低价格的优势，国内涉果企业就可运用价格策略，与进口苹果开展有效竞争，并有效保护国内苹果市场及渤海湾和黄土高原两个主产区的高端、优势、特色苹果产业的发展。

在推进中国苹果品种结构转型、产业升级的过程中，需要更加重视技术创新、品种创新和栽培模式创新，有效解决劳动力短缺及苹果成本上升问题，以便保持国产苹果特别是高端、优质苹果的相对低成本优势。苹果主产区各级地方政府应该紧紧围绕产业组织培育、产业结构优化、产业布局调整、产业技术进步、市场资源整合等关键环节，不断提高产业综合管理水平，重视推广优良品种，集成运用省力化栽培、储运技术，促进苹果栽培模式、果园管理模式转型，为苹果产业发展创造优质、低价竞争的市场环境。

（2）在影响消费者进口苹果消费评估和消费行为的因素中，消费者对进口苹果的属性、涉果企业的广告效应、进口苹果质量安全因素的敏感度略低于价格因素。这表明，除了全球苹果生产、上市的季节性差异外，中国消费者对进口苹果具有消费偏好，包括质量偏好、风味偏好、信用偏好、时尚偏好。同时表明，中国消费者的消费偏好是推动进口苹果需求及市场快速成长的主要动力，并拉动中国苹果进口高速增长。

9.1.5　进口苹果细分市场消费行为及影响因素

由于消费习惯和偏好差异，不同消费群体对进口苹果的消费行为及影响因素存在差异。具体表现为以下三方面。

（1）基于人口统计特征的多群组分析表明，性别、年龄、文化程度、月收入和家庭是否有未成年人5个调节变量，在不同假设路径中的影响存在差异。各群组的消费群体对价格因素的反映均较敏感。男性和女性都比较关注价格因素；女性比男性更加关注进口苹果的自身属性，而男性比女性则更加关注广告效应和质量安全因素；男性对进口苹果消费的评估结果转化为消费行为的效果显著。这意味着，采取进口苹果价格促销和广告宣传策略，对刺激消费者的进口苹果消费行为非常关键。年龄低的消费群体对感官刺激和质量安全因素较为关注，并比年龄高的消费群体更能将评估结果转化为消费行为。

（2）当进口苹果的产品推广和品牌知名度提高时，能够促进低收入消费群体（月均收入小于 4 000 元）消费需求转变为进口苹果购买力；当中等收入群体（月均收入在 4 000～6 000 元）的消费者增强对进口苹果质量安全认知水平时，其对进口苹果的评估水平越高，将消费评估转化为实际购买行为的可能性越大；当高收入消费群体（月均收入大于 6 000 元）对进口苹果自身属性和质量安全信任度提高时，能够显著提高其评估水平和购买行为，而且由于该群体的购买力较强，对进口苹果的实际需求也更多。

（3）消费者进口苹果消费国别偏好的多群组分析表明，进口苹果的价格因素抑制了中国消费者购买美国、日本、新西兰、智利 4 个国家的进口苹果的消费行为。整体来看，进口苹果在中国苹果市场不具有价格优势，但美国和智利苹果比日本和新西兰苹果在中国苹果市场具有价格比较优势。进口苹果的自身属性对消费者进口苹果消费行为具有促进作用，在中国苹果市场具有品种、外观、风味方面的比较优势。在中国苹果市场上，日本和新西兰苹果的自身属性比美国和智利具有更强比较优势。广告效应对购买美国苹果具有促进作用，但对购买其他国家或地区进口苹果的影响不显著，说明美国苹果比其他国家或地区的苹果在中国市场具有品牌优势。进口苹果的质量安全因素促进了消费者购买进口苹果的消费行为，说明进口苹果在中国苹果市场比国产苹果具有质量安全方面的比较优势，且由强到弱依次为日本、新西兰、美国、智利。进口苹果营养健康因素对消费者购买日本、美国和新西兰进口苹果具有促进作用，表明进口苹果比国产苹果具有营养健康方面的比较优势，比较优势度由强到弱依次为日本、新西兰、美国苹果。

9.2　苹果进口对苹果产业发展的影响

针对当前中国苹果的进口快速增长趋势，尤其是加入世贸组织之后，进口关税壁垒降低，国外苹果产品相继进入中国市场，必然会改变中国的苹果市场竞争格局，对中国苹果产业的发展产生深远影响。本部分在对中国进口现状和特征以及国内进口苹果消费行为分析的基础上，探讨中国苹果进口对苹果产业发展的影响。

9.2.1 进口苹果对中国高端苹果市场形成冲击

在加入世贸组织之前，较高的关税壁垒有效抑制了中国进口苹果，但加入世贸组织之后，进口关税壁垒降低及进口准入地区的不断放开，使得中国进口苹果逐渐对国产苹果构成威胁，虽然历年来进口苹果在国内苹果市场所占份额不大，但由于其外形精美、包装精致、质量较高、价格较高，主要占据中国高端苹果市场，甚至向中高端苹果市场蔓延。调查显示，消费者购买进口苹果的最低价格为 12.00 元/千克，占被访者总量的 2.00%；消费者购买进口苹果的最高价格为 50.00 元/千克，占被访者总量的 1.00%；85.25% 的消费者购买的进口苹果在 20.00～36.00 元/千克，消费者进口苹果的平均购买价格为 27.75 元/千克，是同时期消费者购买国产苹果平均价格（10.50 元/千克）的 2.64 倍。加之，丰厚的利润导致国外苹果走私量较大，甚至可能超过官方苹果进口的统计数据（常平凡，2002），且通过对水果批发商的访谈得知，部分商家将国产苹果贴上进口商标假冒进口苹果出售，对中国的高端苹果市场形成了较大的冲击。据估计，中国中高档苹果的潜在市场份额能够达到全国苹果消费总量的 15.00%～40.00%，如果在中国苹果生产成本、物流成本持续上升的产业发展环境中，国产苹果的年供给不能满足消费者在苹果品种、质量、风味选择方面的多元化倾向，则进口苹果规模将呈现扩大趋势，对中国高端苹果市场的健康发展形成较大冲击。

9.2.2 进口苹果规模增长促进苹果标准化生产

近 20 年来进口苹果主要占据中国的高端苹果市场，逐渐获得大中城市消费者的消费偏好，良好的质量安全和品质保证是进口苹果在中国市场具有良好表现的重要原因。标准化是发展高产优质高效苹果产业的重要手段，是苹果产业现代化建设必不可少的一项重要工作。随着中国苹果进口规模的快速增长及国际贸易一体化进程的加快，建立与国际接轨的水果质量标准体系已成为一种必然趋势。水果质量标准体系主要包括水果及其加工产品质量标准体系框架的构建；产品质量标准、生产或加工技术规程的制订、修订和完善；农药残留量检测方法标准制订等（胡继连等，2003）。此外，建立果品质量追踪体系为水果产业标准化生产提供了重要保障。

9.2.3 进口苹果规模增长促进中国苹果营销模式变革

随着居民消费水平提高，中国消费者对苹果外观、口味、用途和食品安全的偏好呈现多样性特点，消费偏好已从传统的注重果品味道和口感转向注重果品外形、颜色和食品安全，购买苹果目的也由家庭食用逐渐转向私人送礼和单位福利发放，而出于后者目的考虑时，消费者多选择具有外观和品牌优势的进口苹果。

苹果进口规模的快速增长促使中国政府和苹果产业界应重视研究苹果市场的变化趋势、消费者需求偏好以及市场细分条件下苹果的消费特征，从而针对细分市场苹果的消费特征，调整苹果产业发展战略。尤其应在重视技术创新、品种创新以及提高优果率等生产性指标的同时，重视苹果市场营销策略和竞争策略的创新，为国产苹果有效开发国内市场、保护苹果产业创造条件。此外，主产区各级地方政府也逐渐重视开展以公共广告、公共促销为主的苹果营销服务，并鼓励涉果企业和中介组织利用传媒、网络、促销等手段，创新优质、特色苹果营销模式。质量监督和认证机构也逐渐加强对国内高端苹果市场信息披露，以提高消费者对国产高端苹果的品牌信誉和质量安全的辨识度和认可度。

9.2.4 苹果进口影响苹果种植结构调整

中国国产苹果以红富士为主，其产量占全国苹果总产量的 65% 左右。新红星、首红等元帅系品种比重为 9.2%；自育品种秦冠和华冠产量分别占 6.8%、2.1%；元帅系、嘎拉系、红王将、乔纳金等早中熟品种主要作为搭配品种零星分布于黄土高原优势区和渤海湾优势区，其产量占全国苹果总产量不足 15%，商品果率仅 30%（农业部，2008）。2001—2012 年中国实际进口的苹果品种为蛇果（50.33%）、青苹果（7.53%）、加纳果（嘎啦果，36.14%）、红玫瑰和富士苹果，中国苹果进口主要弥补国内早中熟苹果市场短缺（中国海关统计数据，2012）。

目前，主产区各级政府已经积极采取补助、贴息等优惠政策，支持优势产区优势农产品的基础设施建设和技术推广。引进、培育和推广优良的早中熟苹果品种，提高集约化水平，适度减少富士系列苹果的种植面积，提高其他新优品种或特色品种的种植比例，优化早、中、晚熟品种结构，形成早、中、晚熟各具特色而又相互协调的苹果消费市场。同时，合理的品种搭配种植，不仅能降低市场变化带来的经营风险，增加消费者的选择和购买机会，而且有利于苹果销售者错开苹果的销售旺季，为果农创造更多的销售机会，有利于果农选择更有效的销售渠道和时间，创造更多的经济收益。

9.3　对策建议

通过对中国苹果进口特征及对国内苹果产业发展的影响分析，表明中国水果产业在资源配置、水果产品质量、产品结构以及技术贸易壁垒等方面的不足，因此制约了中国水果的竞争优势。本部分着重就中国苹果应对国外苹果竞争的对策、措施进行分析探讨。

9.3.1　实施标准化生产，提高果品质量

促进苹果标准化生产，提高苹果果品质量，首先要具有性状优异的苹果种质资源，加大对苹果种质资源工作的投入，从保存种质的多样化、种质评价和鉴定技术的先进性等方面促进种质资源的开发；其次，建立规范化栽培技术，重视提供对果农的技术服务，加强病虫害防治，搞好先进技术的示范和推广，保持优良品种果实的稳定性，从果园管理、品种结构、配方施肥、果园覆盖、节水灌溉、病虫害综合防治等栽培技术环节全面提高果品质量；第三在果品产后处理阶段，构筑适合我国国情的现代化安全、高效、节能贮藏保鲜技术与示范体系，大力推广保鲜和气调贮藏，提高采后商品化加工处理能力。推广实用、低成本苹果物流冷链，降低果品采后损耗。研究开发苹果深加工产品生产工艺、设备，加强苹果综合利用。建立深加工产品的全程质量控制体系，积极推行 HACCP（危害分析及关键控制点）认证，以及"ISO 9002 质量保证体系认证"。

9.3.2　注重消费偏好，实施差异化营销战略

从开展有效竞争及提升中国苹果在国内市场、国际市场上的竞争力角度，中国政府及苹果产业界应转变强调技术创新、品种创新等生产技术指标的发展战略思维，重视市场营销、品牌信用等市场开发战略。重视中国消费者的消费偏好，培养多层次苹果消费市场和差异化的营销战略，增加国产苹果的消费需求。在提高苹果质量的基础上，积极推广适销对路的优良果品。优化早、中、晚熟品种结构，形成早、中、晚熟各具特色而又相互协调的苹果消费市场。推

进苹果加工业发展，形成以浓缩果汁为主导、多种苹果加工产品共同发展的加工消费市场。积极引导国内消费者的消费行为，刺激消费需求。

此外，重视舆论宣传，开展苹果营养保健功能研究和产品推介，在丰富国内市场的同时积极开拓国际市场，培养扩大消费群体，提升中国苹果产业的国际地位。充分利用广告等现代营销手段，加强对优势产区的宣传，同时，创造有利政策环境，重点培育壮大龙头企业，完善企业与果农的利益联结机制，鼓励企业与科研单位、生产基地建立长期的合作关系，以及积极发展苹果经济合作组织和农民协会，均能提高苹果产业参与者的产业素质，对树立品牌意识，加强品牌宣传具有重要意义。

9.3.3 发挥行业组织作用，加强苹果市场信息体系建设

加快苹果生产新技术的示范推广工作，改革技术推广体系，加强基层技术队伍建设是苹果产业可持续发展的重要条件。基层技术推广服务体系目前大多涣散失效，不能满足产业发展的要求，而现代化的传媒在短时间内尚不能起到替代作用，因此必须加强乡镇基层技术服务队伍的建设，发挥信息化作用，改革技术服务形式，丰富技术服务的内容和方法，加强示范基地建设，创建新一代技术体系样板，使新技术及时便捷传送给果农并转化为生产力，通过多种形式加大对农民文化和科技教育的培训力度，努力提高果农素质，使果品产业的发展转移到依靠科学技术和提高劳动者素质的轨道上来。

完善社会化服务体系，探索体制创新和服务模式创新，加强重点县果树站、农业技术服务中心建设，充分发挥基层组织的技术推广服务作用；加强公共营销促销服务系统基础设施和组织建设，完善现代化信息服务体系，加强信息服务体系建设，在优势产区建立和完善果品市场信息服务平台，及时收集、分析、发布国内外相关信息，形成省、市、县、乡四级果业信息网络。在重点县区建立大型果品交易批发市场，建立农资供应网络，加强农资市场管理。大力推广电视、电脑、电话三电合一的农业信息综合利用和服务模式。充分利用地方教育资源，加大对青年农民的科技教育和培训，提高产业队伍的文化素质和科技素质。为生产和经营提供全方位信息服务，充分利用各种传媒进行技术推广和科普宣传，以信息化促进产业化；加快发展果业专业合作经济组织和行业协会，提高果业组织化程度和市场竞争力。

9.3.4 以政府为主导，加强苹果流通体系建设

当前中国苹果流通总体上呈现果品批发和流通中心发展快，市场法规建设薄弱，交易规范化程度不高等特点（刘志雄，2007）。建立设施先进、功能完善、交易规范的果品流通体系主要体现在以下三方面。

（1）要进一步深化流通体制改革，加强市场体系建设。通过杜绝设卡收费，开辟"绿色通道"等有效措施，降低苹果交易过程中的交易成本。

（2）建设农产品直接采购基地，积极推进2004年中共中央国务院关于《促进农民增收的意见》中提出的发展农产品连锁、超市、配送经营，鼓励有条件的地方将城市农贸市场改建成超市，支持农业龙头企业到城市开办农产品超市，逐步把网络延伸到城市社区；2010年中共中央国务院《关于加大统筹城乡发展力度进一步夯实农业农村发展基础的若干意见》中提出全面推进农超对接，重点扶持农产品生产基地与大型连锁超市、学校及大企业等产销对接，减少流通环节，降低流通成本；2011年，商务部贯彻落实国务院办公厅《关于加强鲜活农产品流通体系建设的意见》，积极推动以"农超对接"为主的直供直销流通体系建设。支持发展以"农户—批发市场对接""农户—超市对接""农户—学校对接""农户—社区对接"等的直供直销为主的等产销衔接模式，优化苹果产销商流链条，重点扶持苹果优势产区与大型连锁超市、学校及大型苹果加工和出口企业等产销对接，减少流通环节，降低流通成本。

（3）充分利用现代信息技术手段，发展苹果电子商务等现代交易方式，充分发挥苹果期货市场的规避风险。鼓励形成多层次、多形式、多功能的苹果流通市场体系，逐步完善以批发市场为核心的全国性苹果市场流通体系，完善批发市场的信息服务、结算以及价格形成等功能。

9.3.5 突破技术性贸易壁垒，扩大国际市场

坚持外向型的苹果贸易战略，加快建立健全苹果市场服务体系。在科学管理提高苹果质量，保证质量稳定性的基础上，加强全球苹果检验检疫要求和程序；苹果生产、价格、库存以及相关的政策法规；市场准入和投资环境等信息的收集和跟踪研究，并且与中国进出口检验检疫部门密切配合，形成能够与进口国进行协商的争端解决机制。本着合理、经济、有效的原则充分利用符合WTO规则的风险防范措施，实现进口国的贸易保护目标，但对不合理的技术性壁垒，要通过合理的WTO规则进行规避。

开辟国际多元化市场，跟踪各国市场对苹果反补贴措施和反倾销措施的动向，在稳固发展国内市场的基础上，通过举办各种宣传、小型产品介绍会等多种出口营销形式，协助果品企业不断扩大国际市场贸易份额。结合当前中国苹果贸易的发展实际，就出口而言，要优化苹果出口市场结构，在稳定俄罗斯、东南亚各国代表的主要苹果出口市场的基础上，发展以韩国、日本等为主的与中国苹果品种、口味相似，但质量要求较高新的目标市场，积极开拓以欧美为主的高端市场。实现苹果出口市场的多元化，将有利于降低经营风险，避免对单一市场的依赖性。

进口苹果贸易政策的制定应该趋向于均衡从智利和新西兰的苹果进口量，降低单个国家的进口苹果对国产苹果的替代水平，弱化中国苹果市场对个别国家进口苹果的依赖性和敏感度。注重选择和培育优良的早、中熟苹果品种，完善中国苹果品种结构；发展和提升国内贮藏、加工、物流等产后技术处理水平，延长并保持国产优质苹果的市场供应期，以应对具有季节性优势的进口苹果对国产苹果的冲击。充分利用中国主要苹果进口来源地产品的互补性和替代性特征，适度控制替代性苹果的进口，而增加互补性苹果的进口，从而在有效管控中国苹果进口的基础上改进中国消费者的福利。

参 考 文 献

青木二郎，1975. 苹果的研究. 第一版. 曲泽洲，刘汝诚译. 1984. 北京：农业出版社.

王揖慈，1992. 别树一帜的国家竞争优势理论. 管理世界，3：213 - 214.

黄季焜，1995. 食品消费的经济计量分析. 数量经济技术经济研究，2：54 - 62.

黄季焜，胡瑞法，张林秀，等. 中国农业科研体制与政策问题的调查与思考. 管理世界，
  1996，3：167 - 173.

庄道鹤，1998. 消费者的购买决策. 消费心理学. 哈尔滨：哈尔滨工业大学出版社.

符正平，1999. 新竞争经济学及其启示. 管理世界，3：216 - 217.

麻茵萍，2000. 加入世界贸易组织对我国水果业的影响及对策分析. 中国农村经济，
  5：33 - 37.

祁春节，汪晓银，2000. 园艺经济研究. 北京：科学出版社.

蒋殿春. 2000. 高级微观经济学. 北京：经济管理出版社.

祁春节，2001. 入世与中国水果业：影响及应对措施. 国际贸易问题，1：6 - 10.

黄季焜，夏耕，张超超，马恒运，孙振誉，2001. 入世后中国农业综合开发的对策研究. 农
  业经济问题，3：10 - 14.

朱鸿伟，2001. 当代比较优势理论的发展及其启示. 暨南学报（哲学社会科学），2：
  38 - 42.

常平凡，2002. 中国苹果产销现状调查及战略研究. 北京：中国农业出版社.

温思美，2002. 农产品国际贸易. 北京：中国农业出版社.

文贤，2002. 市场营销创新. 上海：复旦大学出版社.

胡继连，赵瑞莹，张吉国，2003. 果品产业化管理理论与实践. 北京：中国农业出版社.

刘汉成，2003. 我国苹果消费行为的实证分析. 柑桔与亚热带果树信息，5：10 - 12.

帅传敏，程国强，张金隆，2003. 中国农产品国际竞争力的估计. 管理世界，1：74 - 104.

过国南，闫振立，张顺妮，2003. 我国建国以来苹果品种选育研究的回顾及今后育种的发
  展方向. 果树学报，20（2）：127 - 134.

李锐，李子奈，项海荣，2004. 基于截取回归模型的农户消费需求分析. 数量经济技术经
  济研究，9：29 - 37.

庞守林，田志宏，2004. 中国苹果国际贸易结构比较分析与优化. 中国农村经济，
  2：38 - 43.

周应恒，霍丽玥，彭晓佳，2004. 食品安全：消费者态度、购买意愿及信息的影响——对南京市超市消费者的调查分析. 中国农村经济，11：53-59.

潘伟光，2005. 中韩两国水果业生产成本及价格竞争力的比较——基于苹果、柑橘的分析. 国际贸易问题，10：49-53.

李小宁，李辉，2005. 粮食主产区农村居民食物消费行为的计量分析. 统计研究，2：43-47.

程国强，2005. 中国农产品出口：竞争优势与关键问题. 农业经济问题，5：18-22.

江林，2005. 消费者行为学. 北京：首都经济贸易大学出版社.

史朝兴，顾海英，2005. 我国蔬菜出口贸易流量和流向——基于行业贸易引力模型的分析. 新疆大学学报（社会科学版），3：5-8.

赵佳，方天堃，2005. 中国苹果产品国际竞争力的经济分析. 农业经济，5：40-41.

赵一夫，田志宏，2005. 中国农产品贸易格局的实证分析. 中国农业经济评论，3（2）：168-192.

陈伟超，2006. 中国柑橘定价及其营销策略分析. 中国农业经济评论，3：336-349.

刘晓光，方天堃，周莹，2006. 中日两国苹果产业国际竞争力的比较分析. 农业经济，6：79-80.

佟苍松，2006. Armington 弹性的估计与美国进口中国商品的关税政策响应分析. 世界经济研究，3：45-48.

王秀娟，郑少锋，2006. 中国苹果国际竞争力评价及提升对策. 生态经济，12：89-92.

王云锋，王秀清，2006. 中国蜂蜜在日本市场的需求弹性. 国际贸易问题，1：53-60.

吴佳，范志红，杨振霖，2006. 液态奶营养调整对北京居民消费意向影响力的调查. 中国乳品工业，34（11）：56-59.

孟艳玲，汪洋，2006. 我国果品贮藏保鲜业存在的问题与对策. 果农之友（5）：7，24.

佟苍松，熊晓琳，2007. 美国对进口中国制造业商品执行的关税政策. 世界经济，11：24-31.

王保利，姚延婷，2007. 基于品牌战略的陕西绿色农业产业集群发展研究. 中国软科学，1：117-121.

刘亚钊，王秀清，2007. 日本生鲜蔬菜进口市场及其需求弹性分析. 农业技术经济，2：31-36.

陈永福，2007. 世界棕榈油生产贸易现状与中国棕榈油进口增加的原因分析. 农业展望，6：31-34.

高颖，田维明，2007. 中国大豆进口需求分析. 中国农村经济，5：33-40.

霍学喜，2007."中国农村经济面临的挑战和西部大开发"国际研讨会综述. 西北农林科技大学学报（社会科学版），5：138-140.

金勇进，朱琳，2007. 不同差补方法的比较. 数理统计与管理，7：50-54.

姜百臣，2007. 消费需求系统模型的理论约束与实证应用探讨. 经济评论，6：93-96.

刘志雄，2007. 中国农产品市场发育研究. 北京：中国农业出版社.

柳恒超，许燕，王力，2007. 结构方程模型应用中模型选择的原理和方法. 心理学探新，27
　　（1）：75-78.

陆旸，2007. 我国主要进口商品的 Armington 替代弹性估计. 国际贸易问题，12：34-38.

杨莲娜，2007. 中国对欧盟农产品出口增长影响因素分析. 国际贸易问题，10：41-46.

姚丽凤，刘玉祥，2007. 区域苹果集群产业科技服务体系构建. 农业经济，8：48-52.

张晓山，宋洪远，李惠安，2007. 调整结构创新体制发展现代农业. 北京：中国社会科学出
　　版社.

张英，刘渝琳，2007. 从需求偏好相似理论预测中国-东盟自由贸易区的贸易前景. 国际经
　　贸探索，23（9）：59-63.

张永良，侯铁珊，2007. 中国苹果出口竞争力分析. 商场现代化，6：16-17.

张永良，侯铁珊，2007. 中国苹果出口竞争力评价及国际比较分析. 中国物价，2：34-37.

王怡，2007. 中国苹果市场整合研究. 南京：南京农业大学.

农业部种植业管理司. 2007. 中国苹果产业发展报告 1995-2005. 北京：中国农业出
　　版社.

杨霞，2007. 中国开拓欧盟苹果市场研究. 北京：中国农业科学院.

陆旸，2008. 我国原油进口依存度的国别差异分析——基于 Armington 模型的实证检验.
　　国际贸易问题，6：45-50.

解永亮，马军，2008. 发展运城市苹果产业集群的研究. 内蒙古统计，2：38-39.

克莱尔等，2008. 时间序列分析及应用：R 语言. 第二版. 潘红宇等，译. 2011. 北京：机
　　械工业出版社.

李伯华，刘传明，曾菊新，2008. 基于农户视角的江汉平原农村饮水安全支付意愿的实证
　　分析——以石首市个案为例. 中国农村观察，3：20-28.

陈爱娟，崔瑞丽，2008. 陕西苹果出口竞争力研究. 农业现代化研究，5：601-602.

高志杰，罗剑朝，2008. 我国开发浓缩苹果汁期货的必要性和可行性分析. 商业研究，1：
　　102-104.

林凤，2008. 中国苹果国际贸易壁垒的消除和补贴政策运用研究. 经济研究导刊，13：
　　173-174.

林坚，霍尚一，2008. 中国水果出口贸易影响因素的实证分析. 农业技术经济，4：
　　95-101.

农业部，2008. 苹果优势区域布局规划：2008-2015 年.

屈小博，2008. 不同经营规模农户市场行为研究. 西安：西北农林科技大学.

王燕, 2008. 应用时间序列分析. 北京：中国人民大学出版社.

王怡, 周应恒, 赵文, 卢凌霄, 2008. 中国苹果市场整合程度及价格波动规律研究. 南京农业大学学报, 1：112 - 117.

杨小川, 蔡丽娜, 2008. 中国苹果出口的竞争力分析. 新疆农垦经济, 2：1 - 11.

赵丽佳, 2008. 我国油料进口的 Armington 弹性估计与进口福利波动分析. 国际贸易问题, 9：3 - 8.

赵政阳. 2008. 甘肃天水 "花牛" 苹果发展对我国苹果品种结构调整的启示. http://www. guoye114. com/ [2008 - 06 - 02].

郑春, 2008. 陕西苹果业可持续发展现状、问题及对策研究. 经济师, 4：256 - 257.

周力, 应瑞瑶, 江艳, 2008. 我国葡萄酒进口贸易波动研究. 农业技术经济, 2：25 - 31.

刘丽欣, 励建荣. 农产品冷链物流发展模式与政府行为概述. 食品科学, 2008（9）：680 - 683.

周井娟, 2009. 中国虾产品主要出口市场需求及空间整合研究. 杭州：浙江大学.

王春玲, 赵晨霞, 2009. 中国苹果国际竞争力分析. 中国果菜, 1：47 - 48.

欧阳斌, 2009. 陕北苹果产业集群的问题及对策. 中国农学通报, 19：349 - 352.

林青, 祁春节, 2009. 日本环境壁垒发展趋势对我国水果出口的影响分析. 商场现代化, 1：17 - 18.

陈飞, 2009. 边界效应、区际贸易与区域经济增长. 天津：南开大学.

丁辉侠, 2009. 贸易引力模型的理论研究进展及应用中存在的问题. 经济经纬, 6：39 - 41.

李惊雷, 2009. 人民币汇率变动对中国农产品的贸易条件效应的实证分析. 农业技术经济, 5：106 - 112.

吴明隆, 2009. 结构方程模型—AMOS 的操作与应用. 重庆：重庆大学出版社：40 - 62.

张艳, 郭继远, 2009. 陕西苹果产业发展障碍因素分析及其对策研究. 西北农林科技大学学报（社会科学版）, 6：31 - 35.

赵丽佳, 2009. 中国植物油产品的进口贸易研究. 武昌：华中农业大学.

姜增伟, 2009. 农超对接：反哺农业的一种好形式. 求是杂志（23）：38 - 40.

周文龙. 产业环境下的中国水果批发市场建设调查报告. 第二届中国冷藏运输及冷藏库高峰论坛, 2009：131 - 153.

李丙智, 韩明玉, 张林森, 等, 2010. 我国苹果矮化砧木应用现状及适应性调查. 果农之友, 2：35 - 36.

张连刚, 2010. 基于多群组结构方程模型视角的绿色购买行为影响因素分析——来自东部、中部、西部的数据. 中国农村经济, 2：44 - 56.

张露, 2010. 我国水果进口贸易的发展及其对消费的影响. 中国商界, 2：148 - 149.

陈学森, 韩明玉, 等, 2010. 当今世界苹果产业发展趋势及我国苹果产业优质高效发展意见. 果树学报，4：598-604.

刘军弟，霍学喜，2010. 世界苹果主产国生产与贸易预测分析. 中国果树，4：70-73.

罗丞，2010. 消费者对安全食品支付意愿的影响因素分析——基于计划行为理论框架. 中国农村观察，6：22-34.

石建平，霍学喜，聂鹏，2010. 中国苹果消费现状及特征分析. 北方园艺，22：184-185.

石建平，2010. 中国苹果消费需求特征分析. 西安：西北农林科技大学.

中国农业科学院农业经济与发展研究所，2010. 农业经济计量模型分析与应用. 北京：中国农业出版社.

钟子建，2010. 中日蔬菜贸易流量与贸易前景——基于引力模型的研究. 生态经济，4：124-127.

单菁菁，2011. 工业化城市化进程中仍需重视农业基础. 中国经贸导刊，13：41-42.

国家现代苹果产业技术体系. 2011. 2011年度苹果产业经济发展报告.

贺爱忠，李韬武，盖延涛，2011. 城市居民低碳利益关注和低碳责任意识对低碳消费的影响——基于多群组结构方程模型的东、中、西部差异分析. 中国软科学，8：185-192.

贺蕾，霍学喜，2011. 日本果汁市场的进口需求分析. 国际贸易问题，11：116-125.

刘岩，王健，2011. 从美国市场看中国制成品出口竞争表现：1989—2009. 国际经贸探索，27（6）：10-16.

夏晓平，李秉龙，2011. 品牌信任对消费者食品消费行为的影响分析——以羊肉产品为例. 中国农村观察，6：14-26.

崔太康，2011. 我国农产品物流发展现状分析及对策研究. 山东农业科学（9）：117-119.

国家现代苹果产业技术体系. 2012. 2012年度苹果产业经济发展报告.

国家发展和改革委员会价格司. 2012. 全国农产品成本收益资料汇编-2012. 北京：中国统计出版社.

霍学喜，刘军弟，刘天军，2012. 2012年苹果产业发展趋势与政策建议. 中国果业信息，1：1-2.

木生，田琳，2012. 当前国内外苹果主栽品种的构成与发展趋势. 烟台果树，1：37.

司伟，黄春全，王济民，2012. 中日韩农产品贸易影响因素及分解. 农业经济问题，11：16-21.

中华人民共和国国家统计局，2012. 中国统计年鉴. 北京：中国统计出版社.

中华人民共和国国家统计局，2012. 中国农村统计年鉴. 北京：中国统计出版社.

杨军，董婉璐，杨文倩，李明，王晓兵，黄季焜，2012. 入世10年来农产品贸易变化分析及政策建议. 中国软科学增刊（上），32-39.

李发鑫. 冷链物流依然路漫漫——2011中国食品、农产品加工、流通与冷链产业年会侧记. 运输经理世界，2012（1）：77-78.

孙佳佳，霍学喜，2013. 进口苹果消费行为及其影响因素分析——基于结构方程模型的实证分析. 中国农村经济，3：58 - 69.

谢国娥，杨逢珉，陈圣仰，2013. 我国食品贸易竞争力的现状及对策研究——基于食品安全体系的视角. 国际贸易问题，1：68 - 77.

赵姜，吴敬学，杨巍，王志丹，2013. 我国鲜活农产品价格波动特征与调控政策建议. 中国软科学，5：56 - 63.

苏蓉，霍学喜. 中国鲜苹果出口贸易规模与结构分析. 西北农林科技大学学报（社会科学版），2013（5）：53 - 57.

王丽佳，霍学喜，2013. 合作社成员与非成员交易成本比较分析. 中国农村观察（3）：1 - 12.

王慧，刘学忠，2013. 世界苹果生产与贸易格局分析——兼论中国苹果产业策略调整. 世界农业（02）：64 - 69.

王静，霍学喜，2014. 技术创新环境对苹果种植户技术认知影响研究. 农业技术经济，1：31 - 41.

Agcaoili - Sombilla M C，Rosegrant M W. 1994. International trade in a differentiated good: trade elasticities in the world rice market. *Agricultural Economics*，10（3）：257 - 267.

Ahmadi - Esfahani F Z，Jensen P H. 1994. Impact of the US - EC price war on major wheat exporters' shares of the Chinese market. *Agricultural Economics*，10（1）：61 - 70.

Ali M. 2007. Estimating import demand for fresh tomatoes into the United States and the European Union. [Doctural Dissertation]. Florida：University of Florida.

Alston J M，Chalfant J A. 1993. The silence of the lambdas: A test of the almost ideal and Rotterdam models. *American Journal of Agricultural Economics*，75（2）：304 - 313.

Andayani S R M，Tilley D S. 1997. Demand and competition among supply sources: the Indonesian fruit import market. *Journal of agricultural and applied economies*，29（2）：279 - 289.

Atkin M，BLADFORD D. 1982. Structural changes in import market shares for apples inthe United Kingdom. *European Review of Agricultural Economics*，9（3）：313 - 326.

Attfield C L. 1985. Homogeneity and endogeneity in systems of demand equations. *Journal of Econometrics*，27（2）：197 - 209.

Baier S L，Bergstrand J H. 2007. Do free trade agreements actually increase members' international trade? *Journal of international Economics*，71（1）：72 - 95.

Bannon K，Schwartz M B. 2006. Impact of nutrition messages on children's food choice: Pilot study. Appetite，46（2）：124 - 129.

Barten A P. 1969. Maximum likelihood estimation of a complete system of demand equations.

European Economic Review, 1 (1): 7 - 73.

Barten A P. 1993. Consumer allocation models: choice of functional form. *Empirical Economics*, 18 (1): 129 - 158.

Batista J C. 2008. Competition between Brazil and otherexporting countries in the US import market: a new extension of constant - market - shares analysis. *Applied economics*, 40 (19): 2477 - 2487.

Behe B, Nelson R, Barton S, Hall C, Safley C D, Turner S. 1999. Consumer Preferences for Geranium Flower Color, Leaf Variegation and Price. *HortScience*, 34 (4): 740 - 742.

Bentler P M, Bonnett D G. 1980. Significant tests and goodness of fit in the analysis of covariance structures. *Psychological Bulletin*, 88 (3): 588 - 606.

Booth D E. 2000. Analysis of Incomplete Multivariate Data. Technometrics, 42 (2): 213 - 214.

Brainard S L. 1997. An Empirical Assessment of the Proximity Concentration Trade - off between Multinational Sales and Trade. *American Economic Review*, 87 (4): 520 - 544.

Brown M G, Lee J - Y, Seale J L. 1994. Demand Relationships Among Juice Beverages: A Differential Demand System Approach. *Journal of Agricultural and Applied Economics*. 26 (2): 417 - 429.

Brown M G. 1993. Demand Systems for Competing Commodities. *Review of Agricultural Economics*, 15 (3): 577 - 589.

Buzby J C, Ready R C, Skees J R. 1995. Contingent Valuation in Food Policy Analysis: A Case Study of a Pesticide Residue Risk Reduction. *Journal of Agricultural and Applied Economics*, 27 (2): 613 - 625.

Carew R, Florkowski W J, He S. 2005. Demand for Domestic and Imported Table Wine in British Columbia: A Source - differentiated Almost Ideal Demand System Approach. *Canadian Journal of Agricultural Economics/Revue canadienne d'agroeconomie*, 52 (2): 183 - 199.

Carrillo C, Carmen A, Li C. 2002. Trade Blocks and the Gravity Model: Evidence from Latin AmericanCountries. www. essex. ac. uk/economics/discussion - papers/papers - text/dp542. pdf [2010 - 05 - 08].

Christie J, Fisher D, Kozup J C, Smith S, Burton S, Creyer E H. 2001. The Effects of Bar - sponsored Alcohol Beverage Promotions across Binge and Nonbinge Drinkers. *Journal of Public Policy& Marketing*, 20 (2): 240 - 253.

Christou C, Vettas N. 2008. On informative advertising and product differentiation. *International Journal of Industrial Organization*, 26 (1): 92 - 112.

Cliff M A, Sanford K, Johnston E. 1999. Evaluation of hedonic scores and R - indices for visual, flavour and texture preferences of apple cultivars by British Columbian and Nova Scotian consumers. *Canadian journal of plant science*, 79 (3), 395 - 399.

Deaton A, Muellbauer J. 1980. An almost ideal demand system. *The American economic review*, 70 (3): 312 - 326.

Deaton A, Muellbauer J. 1980. An almost ideal demand system. *The American economic review*, 70 (3): 312 - 326.

Deaton A. 1978. Specification and testing in applied demand analysis. *The Economic Journal*, 88 (351), 524 - 536.

Delgado - Ballester E, Munuera - Alemn J L, Yague - Guillen M J. 2003. Development and Validation of a Brand Trust Scale. *International Journal of Market Research*, 45 (1): 35 - 53.

Dong D, Lin B H. 2009. Fruit and vegetable consumption by low - income Americans: would a price reduction make a difference? http: //ideas. repec. org/p/ags/uersrr/55835. html [2009 - 12 - 28].

Duffy P A, Wohlgenant M K, Richardson J W. 1990. The Elasticity of Export Demand for U. S. Cotton. *American journal of agricultural economies*, 72 (2): 468 - 474.

Feleke S T, Kilmer R L. 2009. The Japanese market for imported fruit juices. *International Food and Agribusiness Management Review*, 12 (4): 1 - 28.

Frank C A, Nelson R G, Simonne E H, Behe B K, Simonne A H. 2001. Consumer preferences for color, price, and vitamin C content of bell peppers. *HortScience*, 36 (4): 795 - 800.

Fu T T, Liu J T, Hammitt J K. 1999. Consumer Willingness to Pay for Low - Pestcide Fresh Produce in Taiwan. *Journal of Agricultural Economics*, 50 (2): 220 - 233.

Galanopoulos K, Mattas K, Rekik C. 1996. Wheat and barley trade Patterns in Europe. *MEDIT*, 7 (1): 4 - 9.

Gale F, Huang S, Gu Y Y. 2010. Investment in Processing Industry Turns Chinese Apples Into Juice Exports. http: //books. google. com. hk/books? hl = zh - CN&lr = &id = fgPydQJq6yQC&oi = fnd&pg = PP1&dq = Investment + in + Processing + Industry + Turns + Chinese + Apples + Into + Juice + Exports&ots = CoLlV0y7tu&sig = JugjlWgKHkqTbpAMa - 5QlNs - aVM&redir_esc = y&hl = zh - CN&sourceid = cndr♯v = onepage&q = Investment％20in％20Processing％20Industry％20Turns％20Chinese％ 20Apples％20Into％20Juice％20Exports&f = false [2011 - 03 - 06].

Galmarini M V, Symoneaux R. , Chollet S, Zamora M C. 2013. Understanding apple consumers' expectations in terms of likes and dislikes. Use of comment analysis in a cross - cultural study. *Appetite*, 62 (3): 27 - 36. Gineo W M. 1990. A Conjoint/Logit Analysis of Nursery Stock Purchases. *Northeastern Journal of Agricultural and Resource Economics*, 19 (1): 49 - 58.

Gotlieb J B, Schlacter J L, Louis R D S. 1992. Consumer decision making: A model of the effects of involvement, source credibility, and location on the size of the price difference required to induce consumers to change suppliers. *Psychology & Marketing*, 9 (3): 191 - 208.

Hair J F, Anderson R E, Tatham R L, Black W C. 1998. Multivariate Data Analysis. 5th edn. New Jersey: Prentice Hall: 260 - 310.

Hampson C R, Quamme H A. 2000. Use of preference testing to identify tolerance limits for fruit visual attributes in apple breeding. *HortScience*, 35 (5): 921 - 924.

Henson S, Loader R. 2001. Barriers to Agricultural Export from Developing Countries: The Role of Sanitary and Phytosanitary Requirements. *World Development*: 29 (1): 85 - 102.

Huchet - Bourdon M, Pishbahar E. 2009. Armington Elasticities and Tariff Regime: An Application to European Union Rice Imports. *Journal of Agricultural Economics*, 60 (3): 586 - 603.

Jaeger S R, Andani Z, Wakeling I N, MacFie H J. 1998. Consumer Preferences for Fresh and Aged Apples: A Cross - cultural Comparison. *Food Quality and Preference*, 9 (5): 355 - 366.

James L, Seale J R, Lee J Y, Schmitz A, Schmitz T G. 2005. Import Demand for Fresh Fruit in Japan and Uniform Substitution for Products from Different Sources. http: //www. fred. ifas. ufl. edu/iatpc/archive/MGTC_05 - 02. pdf [2010 - 11 - 26].

Jesionkowska K, Sijtsema S, Simoneaux R, Konopacka D, Plocharski W. 2008. Preferences and consumption of dried fruit and dried fruit products among dutch, french and polish consumers. *Journal of Fruit and Ornamental Plant Research*, 16: 261 - 274.

Kainth G S. 1994. Consumption of apples: consumer view, pattern and determinants. Bihar Journal of Agricultural Marketing, 2 (2): 131 - 144.

Karov V, Roberts D. 2009. A Preliminary Empirical Assessment of the Effect of Phytosanitary Regulations on US Fresh Fruit and Vegetable Imports. Agricultural & Applied Economics Association's 2009 AAEA & ACCI Joint Annual Meeting, Milwaukee: WI: 26 - 28.

Kawashima S, Sari DAP. 2010. Time - varying Armington elasticity and country - of - origin bias: from the dynamic perspective of the Japanese demand for beef imports. *Australian*

Journal of Agricultural And Resource Economics, 54 (1): 27 – 41.

Keller W J, Van Driel J. 1985. Differential consumer demand systems. *European Economic Review*, 1985 27 (3): 375 – 390.

Khoso I, Ram N, Shah A A, Shafiq K, Faiz M. 2011. Analysis of Welfare Effects of South Asia Free Trade Agreement (SAFTA) on Pakistan's Economy by Using CGE Model. *Asian Social Science*, 7 (1): 92 – 101.

Konopacka D, Jesionkowska K, Kruczyńska D, Stehr R, Schoorl F, Buehler A, Eggerd S, Codarine S, Hilairee C, Höllerf I, Guerraf W, Liveranig A, Donatih F, Sansavinih S, Martinellii A, Petiotj C, Carbók J, Echeverriak G, Iglesiask I, Bonanyk J. 2010. Apple and peach consumption habits across European countries. *Appetite*, 55 (3), 478 – 483.

Kotler P J, Armstrong G M. 2010. Principles of marketing. New Jersey: Pearson Education: 302 – 315.

Kresic G, Herceg Z, Lelas V, Jambrak A R. 2010. Consumers' Behaviour and Motives for Selection of Dairy Beverage in Kvarner Region: A Pilot Study. *Mijekarstvo*, 60 (1): 50 – 58.

Kresic G, Herceg Z, Lelas V, Jambrak A R. Consumers' Behaviour and Motives for Selection of Dairy Beverage in Kvarner Region: A Pilot Study [J]. Mijekarstvo, 2010, 60 (1): 50 – 58.

Kuchler F, Stewart H. 2008. Price trends are similar for fruits, vegetables, and snack foods. http://books.google.com.hk/books? hl = zh - CN&lr = &id = pR_rJVgkaeIC&oi = fnd&pg = PT4&dq = Price + Trends + Are + Similar + for + Fruits, + Vegetables, + and + Snack + Foods&ots = 3SIoZWjcxr&sig = rqTZZMEIa6_0N8ESAdw0pevnqmE&redir_esc = y&hl = zh - CN&sourceid = cndr♯v = onepage&q = Price%20Trends%20Are%20Similar%20for%20Fruits%2C%20Vegetables%2C%20and%20Snack%20Foods&f=false [2010 - 12 - 05].

Lamb C W, Hair J F, McDaniel C. 2002. Marketing. Cincinnati: South - Western Publish: 167 – 208.

Lee H, Park I. 2007. In Search of Optimized Regional Trade Agreements and applications to East Asia. *The World Economy*, 30 (5): 783 – 806.

Lee J Y, Brown M G, Seale J L. 1992. Demand relationships among fresh fruit and juices in Canada. *Review of Agricultural Economics*, 14 (2): 255 – 262.

Lee J Y, Brown M G, Seale J L. 1994. Model choice in consumer analysis: Taiwan, 1970 – 89. *American Journal of Agricultural Economics*, 76 (3): 504 – 512.

Lee J, Seale J L, Jierwiriyapant P A. 1990. Do Trade Agreements Help U. S. Exports? A

Study of the Japanese Citrus Industry. *Agribusiness*, 6 (5): 505 - 514.

Leonard R L, Wadsworth J J. 1989. Consumer Preference: A Guide to Connecticut Apple Marketing. http://ageconsearch. umn. edu/bitstream/25203/1/rr890004. pdf [2012 - 05 - 03].

Linnemann H. 1966. An Economic Study of International Trade Flows. Amsterdam: North - Holland Publishing Company: 108.

Linz S. 2010. Regional Consumer Price Differences Within Germany Information Demand, Data Supply and the Role of the Consumer Price Index. *Journal of Economics and Statistics*, 230 (6): 814 - 831.

Manalo A B. 1990. Assessing the Importance of Apple Attributes: An Agricultural Application of Conjoint Analysis. *Northeastern journal of agricultural and resource economics*, 19 (2): 118 - 124.

McDonald S, Punt C, Rantho L, van S M. 2008. Costs and benefits of higher tariffs on wheat imports to South Africa. *Agrekon*, 47 (1): 19 - 51.

Nelson P. 1970. Information and Consumer Behavior. *Journal of Political Economy*, 78 (2): 311 - 329.

Nzaku K, Houston J E, Fonsah E G. 2012. A Dynamic Application of the AIDS Model to Import Demand for Tropical Fresh Fruits in the USA. http://ageconsearch. umn. edu/ bitstream/126721/2/Nzaku. pdf [2013 - 01 - 06].

Nzaku K. 2009. Analyses of U. S. Demand for Fresh Tropical Fruit and Vegetable Imports. [Doctoral Dissertation]. Georgia: The University of Georgia.

Ogundeji A A , Jooste A, Uchezuba D. 2010. Econometric Estimation of Armington Elasticities for Selected Agricultural Products in South Africa. *South African Journal of Economic and Management Sciences*, 13 (2): 123 - 134.

Oliveira - Castro J M, Foxall G R, James V K. 2008. Individual differences in price responsiveness within and across food brands. The Service Industries Journal, 28 (6): 733 - 753.

Paul P J, Olson J C. 1990. Consumer Behavior and Marketing Strategy. London: McGraw - Hill: 302 - 350.

Perez A, LinB H, Allshouse J. 2001. Demographic profile of apple consumption in the United States. Fruit and Tree Nuts Situation and Outlook Report. USDA. ERS: 37 - 47.

Pinnell J. 1994. Multistage Conjoint Methods to Measure Price Sensitivity. AMA Advanced Research Techniques Forum. Colorado: IntelliQuest, Inc: 1 - 19.

Poyhonen P. 1963. A Tentative Model for the Flows of Trade between Countries. *Weltwirt schatftliches Archiv*, 90 (1): 90 - 110.

Péneau S, Hoehn E, Roth H R., Escher F, Nuessli J. 2006. Importance and consumer perception of freshness of apples. *Food Quality and Preference*, 17 (1): 9 - 19.

Ramirez M A, Jones K M, Arellano F, Raper K C. 2003. Estimating import demand in the Mexican cheese market. http: //ideas. repec. org/p/ags/midasp/11571. html [2010 - 12 - 23].

Robertson J L, Chatfield L H. 1982. Fresh Flower Merchandising in Loose Bunches. *HortScience*, 17 (4): 593 - 595.

Rose A K. 2000. One Money, One Market: the Effect of Common Currencies on Trade. *Economic Policy*, 15 (30): 9 - 45.

Satyanarayana V, Wilson W W, Johnson D D. 1999. Import demand for malt in selected countries: a linear approximation of AIDS. *Canadian Journal of Agricultural Economics*, 47 (2): 137 - 149.

Sauquet A, Lecocq F, Delacote P, Caurla S, Barkaoui A, Garcia S. 2011. Estimating Armington elasticities for sawnwood and application to the French Forest Sector Model. *Resource and Energy Economics*, 33 (4): 771 - 781.

Schiffman L G, Kanuk L L. 2000. Consumer Behavior. 7th. edn. New Jersey: Prentice Hall International: 126 - 201.

Schmitz T G, Seale J L. 2002. Import demand for disaggregated fresh fruits in Japan. *Journal of Agricultural and Applied Economics*, 34 (3): 585 - 602.

Schmitz T G, Wahl T I. 1998. A system - wide approach for analyzing Japanese wheat import allocation decision. http: //ageconsearch. umn. edu/bitstream/20780/1/spschm01. pdf [2010 - 05 - 07].

Seale J L, Marchant M A, Basso A. 2003. Imports versus domestic Production: a demand system analysis of the U. S. red wine market. *Review of Agricultural Economics*, 25 (1): 187 - 202.

Seale J L, Sparks A L, Buxton B M. 1992. A Rotterdam Application to International Trade in Fresh Apples: A Differential Approach. *Western Journal of Agricultural Economic*, 52 (2): 138 - 149.

Shafer B S, Kelly J W. 1986. The Influence of Cultivar, Price, and Longevity on Consumer Preferences for Potted Chrysanthemums, *HortScience*, 21 (6): 1412 - 1413.

Siliverstovs B, Schumacher D. 2007. Using the Gravity Equation to Differentiate Among Alternative Theories of Trade: Another Look. *Applied Economics Letters*, 14 (14): 1065 - 1073.

参 考 文 献

Sparks A L, Ward R W. A simultaneous econometric model of world fresh vegetable trade, 1962 – 82: an application of nonlinear simultaneous equations. *Journal of agricultural economies research*, 44 (2): 15 – 26.

Sun X, Collins R. 2006. Chinese consumer response to imported fruit: intended uses and their effect on perceived quality. International Journal of Consumer Studies, 30 (2): 179 – 188.

Swanson M, Branscum A, Nakayima P J. 2009. Promoting consumption of fruit in elementary school cafeterias. The effects of slicing apples and oranges. *Appetite*, 53 (2): 264 – 267.

Theil H. 1976. Theory and Measurement of Consumer Demand. New York: North – Holland: 408 – 492.

Theilen B. 2012. Product differentiation and competitive pressure. Journal of Economics, 107 (3): 257 – 266.

Tinbergen J. 1962. Shaping the World Economy: Suggestions for an International Economic Policy. New York: The Twentieth Century Fund: 206.

Torres J M. 1996. Almost idea demand system: citrus fruit demand elasticities in Germany. *Acta Horticultura*, 42 (9): 445 – 452.

Townsley – Brascamp W, Marr N E. 1994. Evaluation and Analysis of Consumer Preferences for Outdoor Ornamental Plants. *Horticulture in Human Life, Culture and Environment*, 391: 199 – 206.

Tyszynski H. 1951. World Trade in Manufactured Commodities, 1899 – 1950. *The Manchester School of Economic Social Studies*, 19 (3): 272 – 304.

Vafa M R, Haghighatjoo E, Shidfar F, Afshari S, Gohari M R. , Ziaee A. 2011. Effects of apple consumption on lipid profile of hyperlipidemic and overweight men. *International journal of preventive medicine*, 2 (2): 94.

Van Westendorp P H. 1976. NSS – price sensitivity meter (PSM) – A new approach to study consumer perception of price. Proceedings of the 29th ESOMAR Congress: 139 – 167.

Wade R, 1990. Governing the market: Economic theory and the role of government in East Asian industrialization [M]. Princeton University Press: 129 – 169.

Wadolowska L, Babicz – Zielinska E, Czarnocinska J. 2008. Food Choice Models and Their Relation with Food Preferences and Eating Frequency in the Polish Population: POFPRES Study. *Food Policy*, 33 (2): 122 – 134.

Wang Y D, Wang W. 2009. On Sino – US Comparative Advantage in Exporting Agriculture Product – Contribution and Competitiveness Analysis with Constant Market Share Model.

COMPREHENSIVE EVALUATION OF ECONOMY AND SOCIETY WITH STATISTICAL SCIENCE. 838 - 845.

Yang S R, Koo W W. 1994. Japanese meat import demand estimation with the source differentiated AIDS Model. *Journal of Agricultural and Resource Economie*, 19 (2): 396 - 408.

Yeh C Y, Hwang T C, Lo B H, Lee H M. 2007. A study of the ethnocentrism on agricultural product consumption behavior in Taiwan - The case of the fresh apple. *Journal of the Agricultural Association of China*, (6): 571 - 584.

Zhou Q. 2011. Luxury Market in China. [Bachelor's degree thesis]. Turku: Helsinki Metropolia University of Applied Sciences.